管理会计公告

(2009—2019)

第四辑

美国管理会计师协会（IMA） 发布

中国财经出版传媒集团
经济科学出版社
Economic Science Press

IMA《管理会计公告》专家指导委员会

丁平准 中国注册会计师协会原副会长兼秘书长
于增彪 清华大学经管学院会计学教授
王立彦 北京大学光华管理学院会计学教授
李扣庆 上海国家会计学院党委书记、院长
顾惠忠 中国会计学会副会长,中航工业集团有限公司原副总经理兼总会计师
蒋占华 中国盐业集团有限公司党委委员、总会计师
谢志华 财政部会计名家和管理会计咨询专家、教授

(以上按姓氏笔画排序)

翻译人员　赵　健　张　翔　叶凌波　张晓泉　曹宇虹　苏　珊
审校人员　冯一凡　陈　琴　郭　强

内容提要

美国管理会计师协会（IMA）发布的《管理会计公告》由国际知名专家精心撰写，涵盖了管理会计领域的各项实务及专题，突出实务导向，注重技术与分析、文化、职业道德和价值观对企业管理会计体系的影响，对企业管理人员建立商业逻辑思维框架、提升商业判断力具有很好的借鉴意义。

公告共分为五辑，主题分别为战略、规划和绩效，报告与控制，技术与分析，商业和运营，价值观与可持续发展。本辑的主题是商业和运营，包括：客户盈利能力管理；利用客户生命周期价值来获取、留住和赢回有利可图的客户；组织运营变革与变革管理。

同时，IMA特邀上海国家会计学院专家团队结合我国管理会计发展现状为每篇公告撰写了评论。

目 录

客户盈利能力管理	1
一、执行摘要	3
二、引言	4
三、CPM 实施框架	9
四、决策阶段	11
五、奠定基础阶段	13
六、客户成本	20
七、交易数据	29
八、系统选择	32
九、业务算法	33
十、盈利能力信息	35
十一、战略集成	37
十二、行为考虑因素	43
十三、结束语	45
术语表	45
参考文献	48
附录1　CPM 框架应用示例	49
附录2　管理会计师需要考虑的技术事项	57
评论　从"二八法则"谈客户盈利能力管理	
——评《客户盈余能力管理》	62
利用客户生命周期价值来获取、挽留和赢回有利可图的客户	67
一、执行摘要	69
二、引言	69
三、客户生命周期价值——前瞻性指标	70

四、如何确定挽留、发展、获取或赢回哪些类型的客户和未来潜在客户　　72
  五、如何确定无须挽留、发展、获取或赢回的客户及未来潜在客户类型　　83
  六、针对各个细分客户群体应投入多少资源以留住、发展、
  　　获取和赢回这些客户　　86
  七、将 CLV 与股东价值挂钩　　92
  八、实施基于 CLV 的战略　　93
评论　客户生命周期价值管理将大有作为
　　　——评《利用客户生命周期价值来获取、挽留和赢回有利可图的客户》　　95

组织运营变革与变革管理　　99
  一、执行摘要　　101
  二、引言　　101
  三、范围　　102
  四、组织变革管理　　102
  五、组织变革管理对管理会计工作的重要性　　105
  六、公司变革对员工的影响　　106
  七、项目管理方法论　　110
  八、组织变革管理活动　　111
  九、缓解变革曲线的影响　　112
  十、评估活动　　114
  十一、分析活动　　117
  十二、采纳活动　　118
  十三、评估组织变革管理工作的成果　　120
  十四、结束语　　121
  参考文献　　122
  附件　模板和检查清单　　123
评论　管理会计与企业组织变革管理
　　　——评《组织运营变革与变革管理》　　126

客户盈利能力管理

关于作者

IMA 感谢以下作者对本公告所做的贡献：来自于位于夏洛特的北卡罗来纳大学的内贝尔·埃利斯[Nabil Elias, FCMA（加拿大）]博士；来自 CorePROFIT 解决方案公司的丹·希尔（Dan Hill, CMA, CFM）。此外，还向审稿人加里·柯金斯（Gary Cokins，来自 SAS）、德瓦恩·L. 西尔西（DeWayne L. Searcy, CMA, CPA、CIA，来自奥本大学）博士，以及公告系列编辑瑞夫·劳森（Raef Lawson, CMA, CPA, CFA）博士表示感谢。

一、执 行 摘 要

盈利能力管理不仅仅要求以客户为中心，更要全面理解和有效管理客户盈利能力。客户盈利能力管理（CPM）是一项与战略相关联的措施，能够识别不同客户或细分客户的相对盈利能力，通过制定战略，让最具盈利能力的客户产生更多的价值，让低盈利客户能够产生更多的利润，甚至减少停止无法产生利润的客户对利润的侵蚀，或是关注客户的长期盈利能力。

管理人员往往会惊奇地发现，占比很小的客户几乎贡献了超过100%的利润，而余下的客户要么对利润没有贡献，要么根本无利可图。采用基于事实的信息并开展相关支持性分析，使用客户盈利能力管理系统来代替针对客户盈利能力形成的直觉印象。

CPM系统的支柱是成本核算系统。后者侧重于追踪并按照因果关系将成本分配给每个客户或细分客户，摒弃了随意的、大体平均的成本分配方式。虽然将收入分配给客户或细分客户会产生一些问题，但实施CPM系统的重大挑战却是选择和实施能够提供准确详尽信息的成本核算系统。成本核算系统不仅能够准确地将产品成本和毛利分配给客户或细分客户，还要能够将成本分配给服务。

在CPM中，成本的准确性和清晰度非常重要。使用"时间驱动作业成本法"（TD-ABC）能够识别客户或细分客户所消耗的资源和相关成本。CPM系统能够基于客户的可追踪成本进行全面成本核算，明确业务维持成本，提供的成本信号将引导组织的管理层考虑和制定战略以提高利润。信号本身并不能提供答案，但信号能够提供引导，形成可选的行动方案。与客户盈利战略有关的决策需要个性化的分析。

在设计和实施CPM系统时必须考虑相关系统问题。对CPM系统要求的时间、财务及人力资源投入形成清晰的认识，是CPM系统获得成功的关键。

应该根据客户生命周期价值的相关估计来进行客户投资。除了客户现有的利润贡献之外，还应该考虑该客户未来的利润贡献潜力。对客户生命周期价值进行管理是一种提升长期盈利能力的办法。

CPM成功的关键是获得受其影响的员工和经理的支持。抵制变革是一种常见现象，CPM和其他任何组织变革无一例外都可能遭受抵制。先开发CPM系统，然后再寻求员工和经理的支持，这种方式不可能让他们形成归属感，也无法保证CPM系统的有效运转。为了从一开始就获得员工和经理的支持，组织应该让他们参与 CPM 系统的开发，寻求他们的意见和想法。只有当员工和经理建立了归属感，组织才能安然渡过波涛汹涌的变革激流。

二、引　　言

许多公司和管理人员并不清楚提高盈利能力的秘密在于衡量和管理客户或细分客户的盈利能力。通过实施客户盈利能力管理（CPM）系统，公司能够发现哪些客户能够贡献利润，哪些客户无法贡献利润以及哪些客户会侵蚀利润。CPM 是一项与战略相关联的措施，能够识别不同客户或细分客户的相对盈利能力，通过制定战略，让最具盈利能力的客户产生更多的价值，让低盈利客户产生更多的利润，停止或减少无法产生利润的客户对利润的侵蚀。此外，CPM 还关注客户的长期盈利能力。

CPM 系统是一个盈利能力衡量和管理系统，其支柱是成本核算系统，后者侧重于将成本分配给客户或细分客户。此外，CPM 系统也将净收入分配到客户或细分客户上，从而确认每个客户或细分客户的利润贡献。正如我们所预计的那样，相较于客户相关收入，与客户有关的成本更难追踪和分配。需要强调的是，CPM 成本信息的质量对 CPM 自身的质量来说是至关重要的。我们的解决办法是注重使用具有因果关系的成本核算系统，例如作业成本法（ABC），这类系统能够相对准确地将成本分配给产品、客户、细分客户或其他相关的成本目标。我们将会简要讨论 ABC 的简化版本——时间驱动作业成本法（TDABC）。

（一）CPM 鲸鱼曲线

一旦每位客户或细分客户的盈利能力能够得到衡量，公司就可以按照盈利能力的高低对这些客户或细分客户进行排序，并反映在一张盈利能力利润图表上，这张图表通常被称为"鲸鱼曲线"或"利润悬崖图"。这些图表以 100% 的利润作为海平面（详见图1），Y 轴表示以美元计价的利润或所有客户的利润贡献百分比，X 轴表示根据盈利能力从高到低排序的客户或细分客户的累计数量。从图 1 可以看到，约 20% 的客户贡献了 150% ~ 300% 的公司利润（高出海平面 50% ~ 200%），约 70% 的客户保持盈亏平衡，剩下10%的客户带来的亏损额占公司利润的50%~200%，在三者的共同作用下，公司的累计利润位于海平面水平（Kaplan and Narayanan，2001）。

图1"客户盈利能力鲸鱼曲线"，以美元或百分比的形式表明了位于鲸鱼曲线上的各个客户的盈利能力。正如我们所看到的那样，此处的利润提升潜力为4700万美元，即现有盈利水平增长112%。

图2"更多的鲸鱼曲线"表明了另一种典型的客户盈利能力鲸鱼曲线，曲线的最高点比图1的最高点还要高。鲸鱼曲线最高点与海平面之间的距离反映了客户盈利能力的潜在提升空间。图2中的盈利潜在提升空间是9600万美元，即现有盈利水平增长200%。

图1、图2中所描述的盈利提升空间是以"潜在盈利是图表中的最高盈利"为基础进行预测的，最高盈利是由一小部分客户所贡献的、尚未被无利可图的客户侵蚀的利润。事实上，借助CPM，通过将勉强盈利客户变为高盈利客户，将亏损客户变为盈利客户或是消除其他利润侵蚀状况，公司利润的潜在提升空间要远远高于鲸鱼曲线所反映的空间。

（二）可以受益于CPM的组织类型

CPM适用于所有营利和非营利组织，尽管它们的产品（或服务线）和客户不尽相同。对产品和客户具有同质性、使用相同销售渠道和定价政策的公司来说，除了提高活动类型和成本信息的清晰度之外，这些公司几乎不需要使用CPM。但绝大多数公司都不符合上述状况。因此，CPM适用于产品或服务线不同、客户或细分客户呈现多样化、售前和售后客户服务要求有所不同的组织。

与产品不相关的成本或非标准服务线成本通常被称为"服务成本"。随着产品和服务线日益商品化，加之竞争对手之间的成本相互可比，现在形成了一种变化趋势，即通过活动来服务于客户，并以此为基础获得竞争优势。因此，识别作业的成本动因，一路跟踪直至客户并计量服务成本，这些构成了CPM的关键优势。

银行、保险公司以及其他金融服务公司等服务类组织就天然适合于通过实施CPM并从中获益。在与其他企业开展业务的过程中以及在重复和频繁采购产品的环境中，制造公司也可以应用CPM概念。以客户为中心的非营利组织也能够从CPM应用中获得收益。例如，信用合作社成功地应用了CPM，让其成员（信用合作社所称的客户或所有者）获得更多的利润，从而减少向成员收取的费用或降低费率。

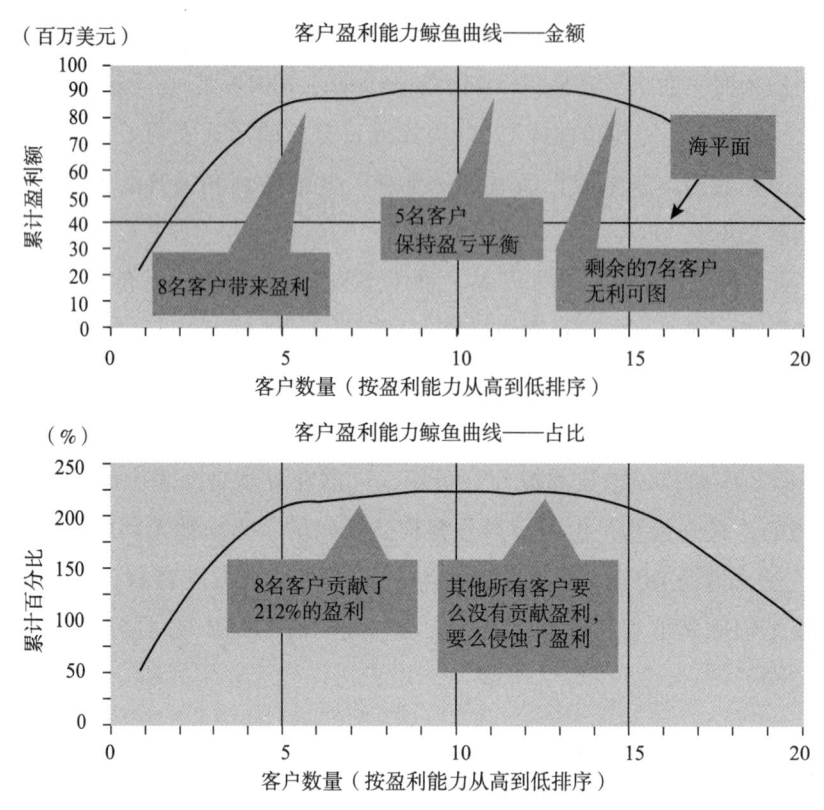

上述图的数据：

客户盈利贡献排名	累计百分比（%）	累计盈利额（百万美元）	客户盈利贡献额（百万美元）
1	52	22	22
2	100	42	20
3	143	60	18
4	179	75	15
5	198	83	8
6	205	86	3
7	210	88	2
8	212	89	1
9	212	89	0
10	212	89	0
11	212	89	0
12	212	89	0
13	212	89	0
14	210	88	−1
15	202	85	−3
16	190	80	−5
17	171	72	−8
18	150	63	−9
19	126	53	−10
20	100	42	−11
			42

图1　客户盈利能力鲸鱼曲线

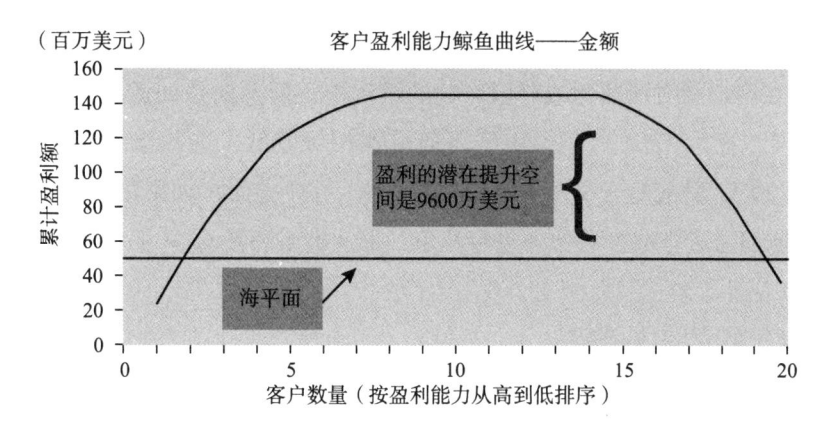

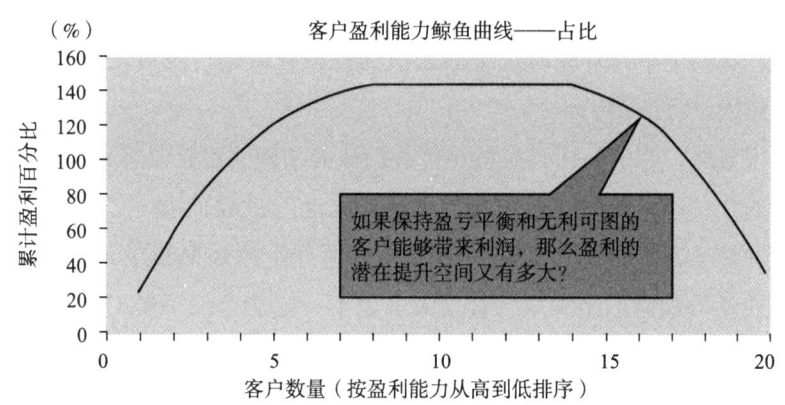

客户盈利能力管理

客户盈利能力鲸鱼曲线——金额

（纵轴：累计盈利额，百万美元）
（横轴：客户数量（按盈利能力从高到低排序））

盈利的潜在提升空间是9600万美元

海平面

客户盈利能力鲸鱼曲线——占比

（纵轴：累计盈利百分比，%）
（横轴：客户数量（按盈利能力从高到低排序））

如果保持盈亏平衡和无利可图的客户能够带来利润，那么盈利的潜在提升空间又有多大？

上述图的数据：

客户盈利贡献排名	累计百分比（%）	累计盈利额（百万美元）	客户盈利贡献额（百万美元）
1	67	32	32
2	125	60	28
3	175	84	24
4	217	104	20
5	250	120	16
6	275	132	12
7	292	140	8
8	298	143	3
9	300	144	1
10	300	144	0
11	300	144	0
12	300	144	0
13	300	144	0
14	298	143	−1
15	296	142	−1
16	277	133	−9
17	256	123	−10
18	215	103	−20
19	163	78	−25
20	100	48	−30
			48

图 2　更多的鲸鱼曲线

如果组织的服务成本很小且售前售后服务不足以获得竞争优势，那么，它们无法受益于 CPM。在客户相对同质化或难以区分的组织中，情况就是如此。在罕见的情况下，客户毛利也足以获取 CPM 收益。由于服务成本相对较低，这些组织中的 CPM 可视作"客户毛利管理"，其战略含义与 CPM 是一样的。另一方面，如果组织的客户不具有同质性，并且能够通过售前售后服务进行竞争，那此类组织是 CPM 的主要受益者。

（三）CPM 的实施障碍

既然 CPM 提供了如此具有竞争力和可持续的优势，为什么它没能获得更大范围的实施和使用？我们手中没有回答这个问题所需的调查数据，但可以对 CPM 缺乏应用的最有可能的原因进行推测。

首先，很显然，许多公司都是按照传统的职能结构而不是以客户为导向来对公司进行管理的。通常，这种情况存在于施行"供应推动"战略而非"需求拉动"战略的组织中。在这种情况下，管理层很难对 CPM 应用所产生的效果给予足够的重视。甚至在施行"需求拉动"战略的组织中，管理人员也不一定能全面了解 CPM 的潜在收益。此外，即便某些管理人员识别出盈利和非盈利客户，他们也不知道该做些什么。

其次，应用基于动因的成本核算要耗费大量的时间且成本高昂，致使 CPM 应用变得十分困难。在其他情况下，缺乏可用数据（例如，外包 IT 系统或无法收集成本动因数据）会降低组织收集信息和实施新系统的兴趣。

最后，关于 CPM 的某些可用资料使得 CPM 难以理解和实施（Cokins, 2008）。本公告的目的之一就是为如何有效地实施 CPM 提供指南。实施 CPM 不仅要求管理层有实施 CPM 的愿望和承诺，还要投入资源。另一方面，很难对个人付出、成本以及 CPM 收益进行量化。但是，组织为成功实施 CPM 所投入的增量投资、付出的努力和耗费的成本都是值得的，它们能够提升盈利能力和客户价值。百思买公司成功实施了 CPM 且得到广泛报道，这就是一个很好的例证。

CPM 能够为组织带来多大的价值，取决于组织为管理客户盈利能力所获取的信息的质量以及该组织实施客户导向战略的能力。成为以客户为中心的组织要求决策者发自内心地认同这一理念，要求他们具备组建高效实施团队的能力。

不应将 CPM 的实施和盈利能力报告视为一次性系统。信息应定期流动，进而带动客户盈利能力评估、反馈、分析、决策以及实施过程。这一过程能够让管理层挖掘盈利增加的潜力，制定不同的客户目标战略，实施差异化服务或向客户提供不同水平的服务，对营运、营销或定价等进行调整以便让所有客户贡献盈利以及管理客户的整体盈利能力。

识别客户或细分客户的盈利能力，而后针对不同的客户制定恰当的差异化战略，能够带来潜在收益。事实和分析能够打破一个组织所秉持的观念和偏见。根据新获取的客户盈利信息，管理人员能够将注意力放在挽留和获取盈利客户的适当行动上，让亏损客户带来盈利，降低或消除客户对股东价值的损害以及对利润的侵蚀。

三、CPM 实施框架

实施 CPM 系统要求具备一个框架，如图 3 "CPM 实施框架"所示。该框架列示了各个实施阶段，其中某些阶段具有高度的关联性，需同时推进；而另一些阶段则是按先后顺序推进。

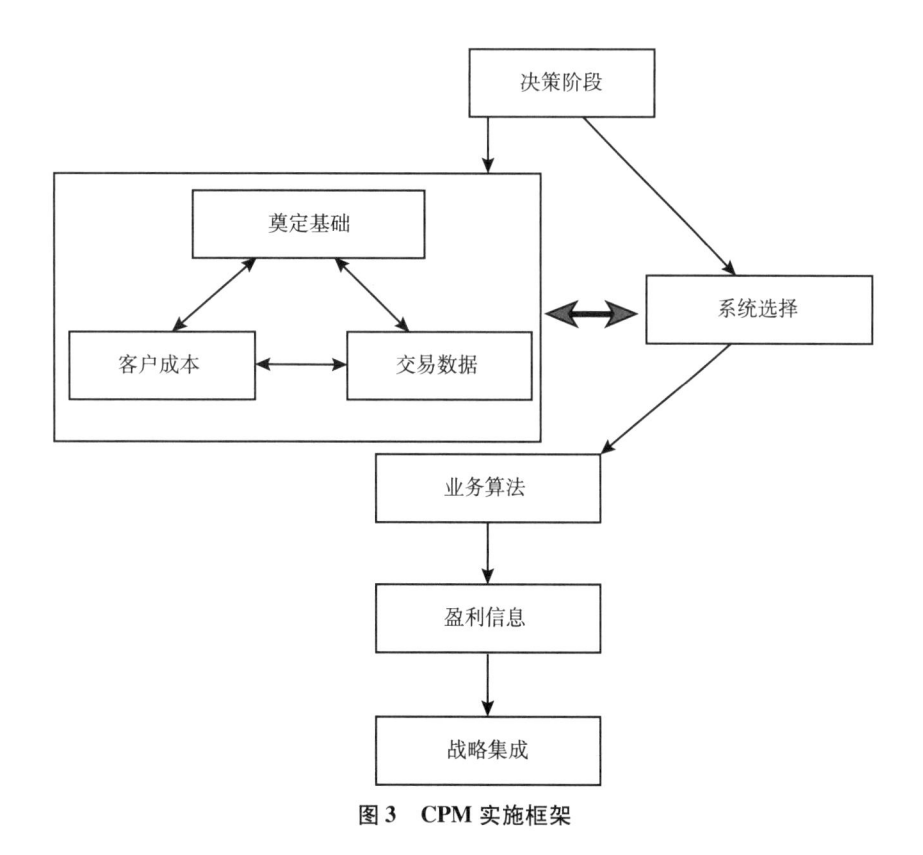

图 3　CPM 实施框架

PM 系统的主要实施阶段：

（1）决策阶段；

（2）奠定基础；

（3）客户成本；

（4）交易数据；

（5）系统选择；

（6）业务算法；

（7）盈利信息；

（8）战略集成。

任何战略措施都涉及决策阶段，在这一阶段，组织要探究实施 CPM 系统的价值和原因，分析并得出财务结论，做出实施或不实施的决定。本阶段另一个重要组成部分是确定 CPM 系统的目标，以此来指导 CPM 系统的建立和实施工作。接下来的三个阶段分别是奠定基础、客户成本和交易数据，具有非常高的关联性，其中一个方面的决策会影响到其他两个阶段。

奠定基础阶段确定了成本对象和最终的计量对象。与此同时，本阶段还包括系统的成本核算原则、盈利能力的计算方式以及如何解决具有争议的会计问题（例如营销费用的资本化）等。最后，本阶段还要界定客户、产品以及渠道。

客户成本阶段需要考虑成本的分配程度，即将成本准确地分配给产品或服务线，并根据因果关系将服务成本分配给客户。在本阶段，客户或成本目标取代总分类账成为成本的分配基础。CPM 需要相对准确的客户成本信息，因而应采用某种形式的作业成本法（ABC）。

交易数据阶段面临许多挑战。虽然绝大多数公司在各类 IT 系统中存储了大量的不同数据，但若想让这些数据为 CPM 系统所用，将是一件费时费力且成本高昂的事情。

这三个阶段相互依存的原因在于组织需要就哪些活动应包含在成本核算中做出决策，而这一决策又取决于哪些交易数据可用（或可获得）。另一方面，交易数据的可用性取决于组织对哪些活动进行成本计算。奠定基础阶段的成本目标和成本核算原则必须与可用的交易数据和成本核算活动相互匹配起来。

系统选择阶段包括对成本核算和盈利能力 IT 系统进行选择。本阶段与奠定基础、客户成本和交易数据三个阶段同时推进，且具有内在关联。在选择合适的 IT 系统时，组织必须充分考虑 IT 资源、数据获取需求以及成本核算注意事项。

一旦完成这五个阶段的工作，组织就可以着手设计和开发业务算法或规则。业务算法必须与 IT 系统紧密结合在一起，与奠定基础阶段所确定的原则保持一致。业务算法的测试工作应该与设计和开发工作同步进行，在系统完成之后，应对整个系统进行全面彻底的测试。

测试完成之后就进入了盈利能力信息阶段，组织需按月或按季生成并发布相关结果。在本阶段，CPM 系统开始进入运转，组织需要对系统进行维护和升级，并确保结果的质量。

最后，也是最为重要的阶段，即战略集成阶段。在本阶段，CPM 信息将与公司的战略和战术决策整合在一起。例如，组织应该将 CPM 的结果纳入组织的绩效评价系统。最终的目标是通过使用客户相关信息来提升公司的绩效和盈利水平。

本公告将针对 CPM 实施框架的每一个阶段进行讨论，此外，还会就实施 CPM 系统所涉及的行为因素进行单独讨论。附录 1 列示了金融服务业所应用的实施框架，而附录 2 涉及的是管理会计师需要考虑的技术问题，本公告的主体部分未对这些问题进行讨论。

四、决 策 阶 段

决策阶段指的是高管层在接触 CPM 之后，开始尝试了解 CPM 的潜在收益、成本和战略影响。管理层深入理解 CPM 是如何让组织从中受益，以及如何通过开发和利用信息来经营一个以客户为中心的组织并获得更多的利润，是非常重要的。收益和成本将在下一部分进行讨论。为了让管理工作更有效率，管理人员应该接受 CPM 培训。一旦决定实施 CPM，与其他项目一样，管理团队应该得到高管层的全力支持和认可，使用恰当的项目管理技术。

（一）CPM 的收益和成本

估算实施 CPM 的成本和收益是非常重要的一点。如果管理层了解 CPM 是如何提高客户盈利能力的，那么，他们可以大致估计所能获得的经常性收益是真实盈利水平与鲸鱼曲线顶点之间的差距，虽然收益往往超过这一数额，但问题是，如果没有客户盈利能力系统，管理层就很难精确估计实施 CPM 所获得的收益。管理层必须在缺乏准确信息的情况下做出判断。

实施成本取决于现有成本核算系统以及与 CPM 的适用性。如果公司拥有变体形式的作业成本系统，那么实施成本就包括为获取客户数据（将客户作为成本目标，追踪他们的资源消耗情况）而进行必要的系统改进所发生的成本。如果成本核算系统的成本分配过于随意，那么公司就需要重新设计成本核算系统，当然，这项工作代价不菲。另一方面，也有一些成本相对低廉的简化解决办法，例如时间驱动作业成本法。

准确的 CPM 系统需要一个准确的成本核算系统，成本核算系统能够根据成本对象的资源消耗情况将成本分配给成本对象。为了准确估计客户盈利能力，组织就要以某种形式来实施作业成本法。组织身处竞争环境中应该时刻谨记，无论是否实施 CPM 系统，都要拥有一个准确的成本核算系统。成本的准确性是组织在竞争激烈的商业环境中赖以生存的基础，所以，组织为满足 CPM 的需求而调整成本核算系统，所发生的增量成本还是能够获得相对边际收益的。如果没有客户盈利能力信息的帮助，客户盈利能力管理就是"冥行盲索"。

管理层必须意识到，CPM 的有效实施能够将客户盈利能力信息与探寻每个客户或细分客户盈利机会的公司战略决策融合在一起。这样的战略决策会对财务结果造成影响，它们也许要求对运营或营销活动进行调整，以满足 CPM 战略决策所确定的客户需求。通过这种方式，CPM 将会提供长期竞争优势，只要 CPM 能够得到定期计算、检查、评估以及利用，那么，这种竞争优势就能持续下去。

（二）获得实施 CPM 的支持

对管理层来说，如果想在组织内部为实施 CPM 铺平道路，那么，他们就要打破有关客户盈利能力的谬论和现有认知，这一点非常重要。除了高管层必须给予毫无保留的支持外，他们还要获得所有受到 CPM 系统影响的人员的支持。一旦做出实施 CPM 的决定，管理层就应该将注意力放在对 CPM 成败有决定性影响的行为问题上，这一点同样至关重要。下文将对行为问题进行更为全面的讨论。简单来说，任何变革都会带来不确定性，从而招致抵制，尤其是那些会受到负面影响的人员将会抵制得更为强烈。若想获得受影响人员的支持，组织应该从一开始就让他们参与进来。成功实施 CPM 需要各方的共同努力。与其他重大组织变革一样，机敏、沟通、教育、培训以及出色的领导力都是决定 CPM 成败的关键影响因素。

（三）数据在 CPM 中的作用

想要做出实施 CPM 的决定，首先需要认识交易数据的作用和重要性。最近许多公司发现提升盈利能力变得难以实现，原因是其所需的客户详细信息深藏于交易数据库之中。如果管理应收账款就是一个公司与客户往来的全部内容，将注意力全部放在通过基于总分类账的高标准绩效指标来增强客户的整体盈利能力上，那么，公司就会错失管理客户盈利能力以及增加客户生命周期经济价值的重要战略机会。借助更为客观的信息，CPM 指标将取代针对客户常常错误的观感、猜测或直觉。例如，德韦恩·L. 瑟西（DeWayne L. Searcy, 2004）介绍了数个案例，详细说明了一个公司在针对客户或细分渠道正确计算相关盈利能力指标之后，关于销量和利润的根深蒂固的认知就被打破了。

五、奠定基础阶段

CPM 系统的基础性设计受到决策阶段所确立目标的驱动，首先要对成本对象进行定义：客户、细分客户、产品、渠道以及客户账户等。成本对象明确的是计量和管理的对象，只有制定了明确的目标以及全面清晰地界定了成本对象，组织才能建立有效的 CPM 系统。

（一）确定成本对象

成本对象的选择必须与公司核心应用系统所提供的交易数据以及成本核算原则保持一致。如果交易数据不具备所期望的特征，那么，组织可能就要做出一些妥协。此外，所选择的成本对象还必须支持决策阶段所确定的 CPM 系统目标。

例如，在金融服务行业，客户账户经常被视作成本对象，是集合所有消耗成本的平台。这种方法之所以适合于金融服务行业，是因为信息已经存在于每个客户账户之中。为了便于报告和管理，组织应该将归属于同一客户的各个单独账户归集在一起。因此，A 客户的盈利能力是其支票账户、定期存款账户、汽车贷款账户、房屋净值信贷额度账户等个人账户盈利能力的集合。

在确定成本对象时，组织应该考虑的一个重要事项是收入是否可以计量。收集成本对象的收入数据，其难易程度取决于行业和公司的核心应用系统。如果对成本对象来说（例如快餐），其收入是无法计量的，那么，组织就应该对成本对象加以汇总，直至收入实现可计量（例如在细分客户水平上）。

作为 CPM 系统的基本构成要素，成本对象拥有一个主要优势：多维度盈利能力。在金融服务行业，每个客户账户（成本对象）不仅能够根据客户来确定，也可以根据产品（或服务线）、销售渠道、分配的组织部门、地理位置、账户持有人的年龄以及与客户账户有关的其他诸多数据来确定。虽然 CPM 系统的主要目标是管理客户的盈利能力，但将客户账户作为成本对象，能让组织从客户账户有关的任一维度（例如产品盈利能力、分支机构盈利能力、地区盈利能力以及各年龄段的盈利能力）来衡量盈利能力。这是从不同的角度，使用不同的方法对同一个事物进行衡量，就产生了盈利恒等式。图 4 "盈利能力的多维视角"列出了这一盈利恒等式：

客户账户总盈利能力 = 产品账户总盈利能力 = 组织账户总盈利能力

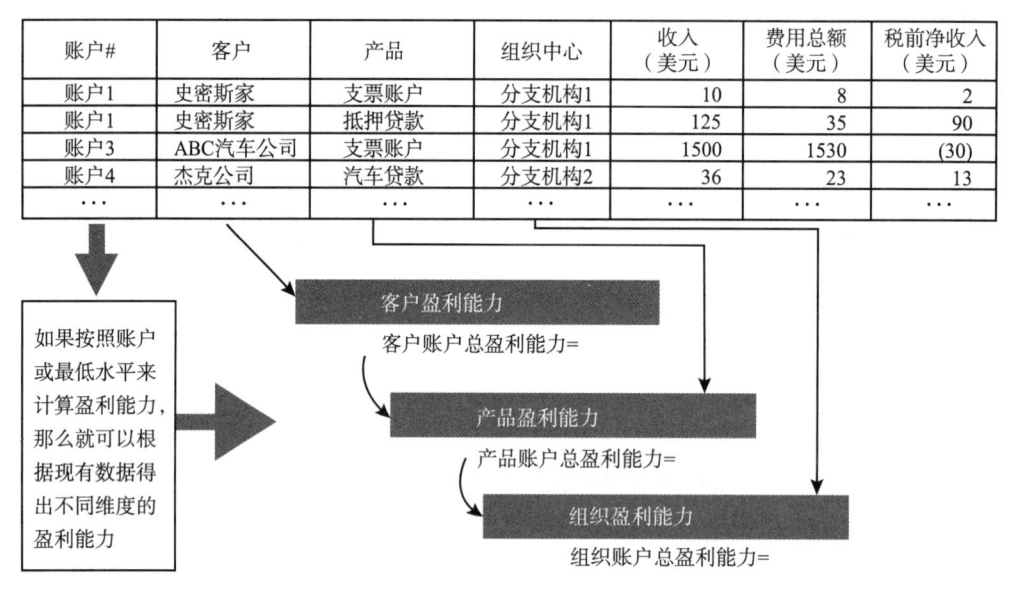

账户#	客户	产品	组织中心	收入（美元）	费用总额（美元）	税前净收入（美元）
账户1	史密斯家	支票账户	分支机构1	10	8	2
账户1	史密斯家	抵押贷款	分支机构1	125	35	90
账户3	ABC汽车公司	支票账户	分支机构1	1500	1530	(30)
账户4	杰克公司	汽车贷款	分支机构2	36	23	13
...	...	...	...	...	...	...

如果按照账户或最低水平来计算盈利能力，那么就可以根据现有数据得出不同维度的盈利能力

客户盈利能力
客户账户总盈利能力=

产品盈利能力
产品账户总盈利能力=

组织盈利能力
组织账户总盈利能力=

图 4　盈利能力的多维视角

虽然并不是所有行业都拥有这类客户账户成本对象，并能通过这种方式来加以使用，但如果其他行业也可以利用这种多维度方法，那么也将从中受益。例如，与基于总分类账平均分配假设而得出的产品盈利能力数据相比，包括客户成本的产品盈利能力数据要可靠得多。另一个例子是，通过汇总渠道数据就能够得出渠道盈利能力，而公司可能是首次获得这些数据。

在选择成本对象时，组织要小心谨慎：成本对象决定了可以从 CPM 系统中获得的细节信息，而这些细节信息又会反过来进一步决定系统挖掘和发现深层次问题或回答特定问题的能力。业界一直存在一种倾向："尽可能多地增加相关数据，以便进行更加深入的挖掘，获取能力以回答那些还未深思熟虑的问题。"然而，细节信息是需要成本的。

能够回答所有问题的通用型信息系统要求更为复杂的成本和交易数据，除了 CPM 信息系统的开发和维护成本之外，这还会增加大量成本。

（二）定义客户、产品和渠道

在奠定基础阶段，精确定义客户的构成要素以及客户是否按照家庭或关系来进行合并，这一点非常重要。如果答案是肯定的话，那么在合并的过程中，客户层级结构表能够提供帮助。

层级结构表是一个文档或数据库，能够表明子集是如何构成或合并为更高层次的集合。图 5 "客户账户层级结构——以银行和信用合作社为例"，展示了一个客户层级结构的范例。

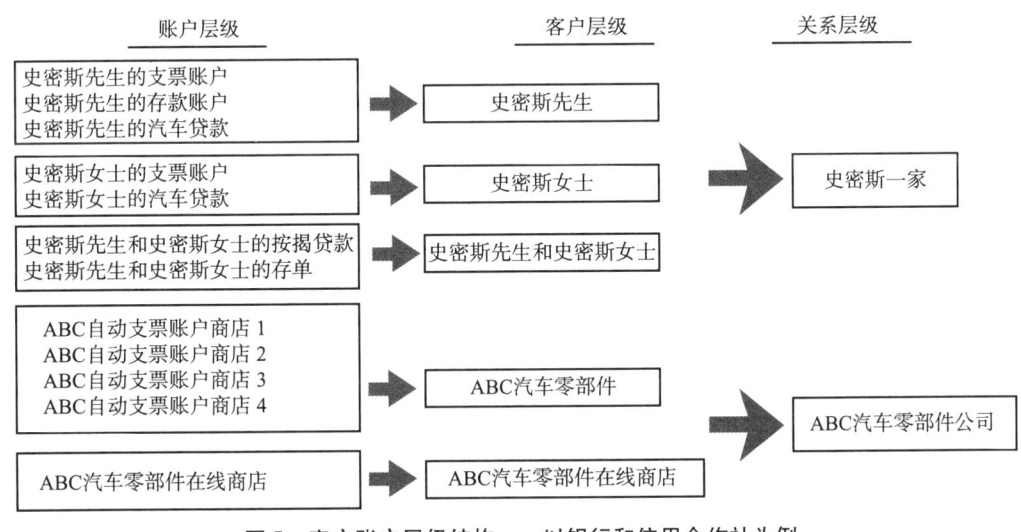

图 5　客户账户层级结构——以银行和信用合作社为例

奠定基础阶段的另一项工作是定义产品或服务线。产品层级对产品以及这些产品合并成集合的方式进行了界定。根据成本核算目标，将具有相似流程的产品合并为更高层次的产品，这一操作具有很强的实用性。如果类似产品在作业成本的消耗方式上具有同质性，那么将这些产品合并为具有相同成本核算方式的产品，能够降低系统和报告的复杂性。图 6 "产品层级结构" 列举了典型银行的产品层级结构。"按照 ABC 成本法核算的产品" 栏目表明了能确定成本动因率的产品层级。

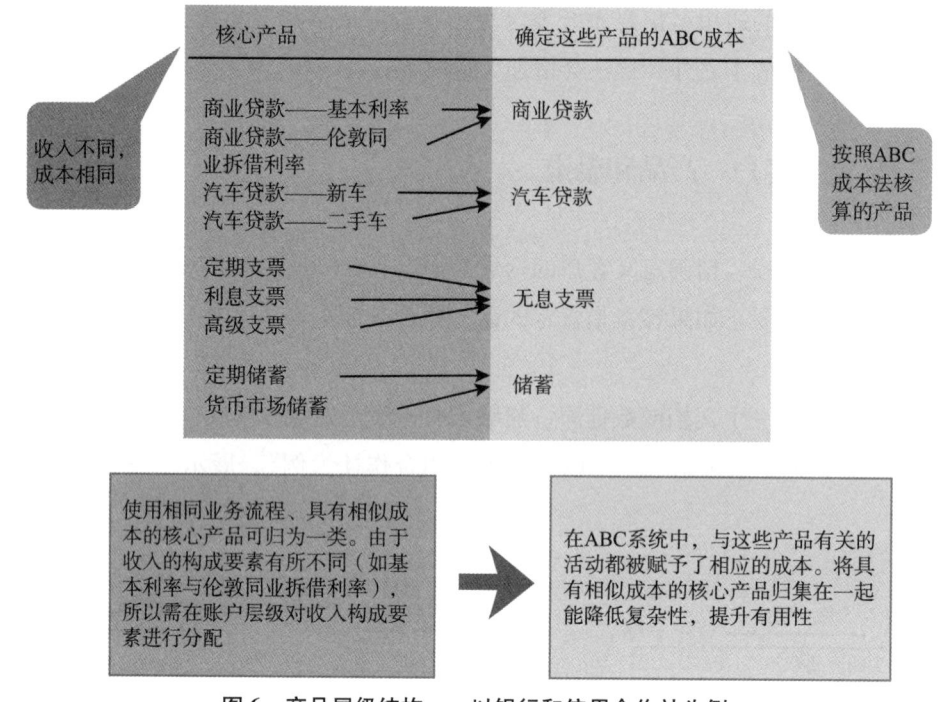

图6 产品层级结构——以银行和信用合作社为例

如果可以的话，组织在奠定基础阶段还应该定义组织层级结构和流通渠道。组织层级结构要界定总分类账成本或利润中心，揭示开展工作或作业并耗费资源的各个中心或部门之间的关系。

组织应根据行业或其他考虑事项决定是否纳入客户流通渠道。客户流通渠道指的是客户与公司互动的途径或是客户的"接触点"，大型零售商店通过它们的门店或网站来提供销售场所，在这种情况下，就存在两种客户流通渠道：实体店和网络。

客户流通渠道不同会导致很大的成本差异。实体店销售相对要求更多的资源，因此相较于网络销售，成本也更高。零售公司应该考虑实施相应战略，鼓励客户通过网络购买公司的产品，而不是到实体店购买，这个过程称为渠道迁移。CPM系统中的渠道维度有助于组织制定这方面的战略方案。

除了界定谁是客户之外，组织还要考虑识别相关细分客户，这也是非常重要的。客户细分定义了客户特征模式以及驱动客户盈利能力的行为模式（Epstein et al., 2008），在某些情况下，组织可能有必要对客户进行细分，以便获得可计量的成本对象。或许更为恰当的做法是，在获得客户盈利能力信息之后，按照细分类别对客户进行合并。相关内容我们将在战略集成部分进一步展开讨论。

（三）计算客户盈利能力

奠定基础阶段所涉及的最后一个方面，是客户盈利能力的计算方法以及应如何处理各种会计问题。通常，用净收入减去客户成本、间接费用和税金之后就可以得出客户盈利能力。

净收入是成本对象的总收入减去退货、折让或其他调整项目。客户成本指的是分配给成本对象——客户的作业成本总额。如果采用了作业成本法，那么每个成本对象的成本就等于作业动因率乘以成本对象所消耗的作业动因数量或作业动因的其他衡量指标。

我们将在下文的第六部分——"客户成本"中对成本进行讨论。总的来说，分配给成本对象的成本包括产品成本和服务客户所产生的任何成本。净收入和产品或服务线成本之间的差额就是成本对象的毛利。服务成本列示在产品毛利线的下方，包括获取订单、履行订单以及客户支持和服务等活动所产生的成本。将服务成本分配给作为成本对象的客户，然后再从成本对象的毛利中减去服务成本，就能得出客户的利润。

客户的利润可用于弥补公司的维持成本（或公司的间接费用）。所以，税前收入等于客户利润减去维持公司运转的间接费用。税前收入再减去税金就得到了客户的净收入或净利润。图7"客户盈利能力报告"提供了一个报告范例。

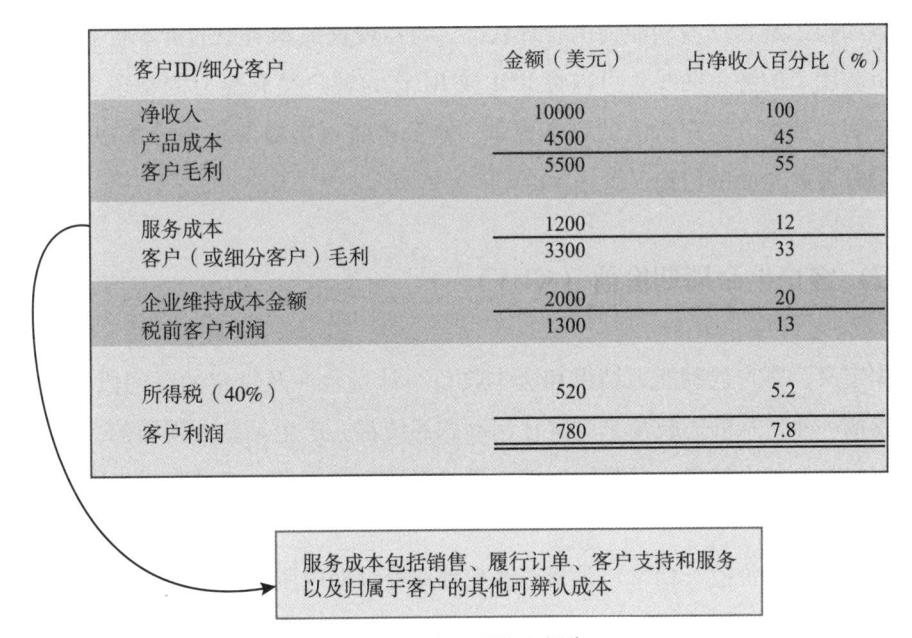

客户ID/细分客户	金额（美元）	占净收入百分比（%）
净收入	10000	100
产品成本	4500	45
客户毛利	5500	55
服务成本	1200	12
客户（或细分客户）毛利	3300	33
企业维持成本金额	2000	20
税前客户利润	1300	13
所得税（40%）	520	5.2
客户利润	780	7.8

服务成本包括销售、履行订单、客户支持和服务以及归属于客户的其他可辨认成本

图7　客户盈利能力报告

（四）资本收益的考虑事项

虽然客户盈利能力分析提供了以前无法获得的有价值的信息，但仅此而已。最终，最为重要的是实现利润所依托的资本收益率。将资本与客户利润联系起来的方法有以下几种，如投资收益率（ROI）、净资产收益率（ROE）、剩余收益（RI）以及这些方法的变体形式。

将客户利润与资本联系起来，需要首先将资本分配给成本对象。分配方法主要有两种。第一种是基于资本使用量或产能利用率来分配资本，然后，再根据客户风险的高低选择使用高于或低于平均资本成本的费率对资本支出进行调整。不同的行业要考虑不同类型的客户风险。

第二种方法多为金融机构使用，除了资本使用量之外，金融机构还根据投资或客户的风险程度来分配更多或更少的资本。在这种情况下，资本成本率保持不变，无须根据风险进行调整，因为风险已经包含在分配给每一个成本对象或客户的资本数量之中了。

制造行业中 RI 的部分应用仅仅是计算与客户有关的直接资产投资的成本，例如估算存货和应收账款的资本成本。RI 的完整应用要求将直接和间接资产投资都分配给通过长期资本所形成的资产。

组织如想了解客户盈利能力的管理状况，可以根据成本对象的资本收益率来绘制类似于图 1 和图 2 的鲸鱼曲线。可以将 ROI 或 RI 作为客户盈利能力的管理工具，以此来说明服务客户或细分客户所需的资本成本。本公告将不会针对资本分配以及 ROI 和 RI 的计量事宜展开全面的讨论。

（五）客户生命周期价值（CLV）

根据定义，客户盈利能力结果和资本收益率计量会涉及特定的时间段，如一个月、一个季度或一年。从静态视角来观察任何动态系统都会产生偏差。同样的，涉及不同时间段的客户盈利能力结果，其趋势能够提供更有意义的信息，应该在报告库要求中明确这一点。

客户生命周期价值（CLV）是指对客户预期存续期内所能产生的盈利进行计量。菲弗、斯金和康罗伊（Pfeifer, Haskins and Conroy, 2005）将 CLV 视为与客户有关的未来现金流的现值。当做出获取客户的决策之后，例如拟通过营销战，公司就应该测算为获取客户而进行的投资所能获得的未来现金流的现值。应该对客户价值的变化进行持续的监控，这种变化能够反映客户与公司之间持续互动或缺乏互动的情况。可以使用资本成本等折现系数对客户预期存续期内所产生的预计未来现金流进行折现。根据所投资的特定客户或细分客户的相关风险，调高或调低折现率以反映风险水平。如果特定客户与公司之间的关系尚不确定，可以用概率模型来测算这些客户经过折现的 CLV。

图 8 "客户生命周期价值"列举了一个客户投资示例。在投资之初，累计现金流为负。随着客户开始贡献收入，发生产品成本和服务成本，收入和成本之间的差额形成了可用于衡量客户盈利能力的客户利润。当客户利润等于客户投资时，组织就可以收回全部投资额。如果超过这一点的话，客户价值就为正。

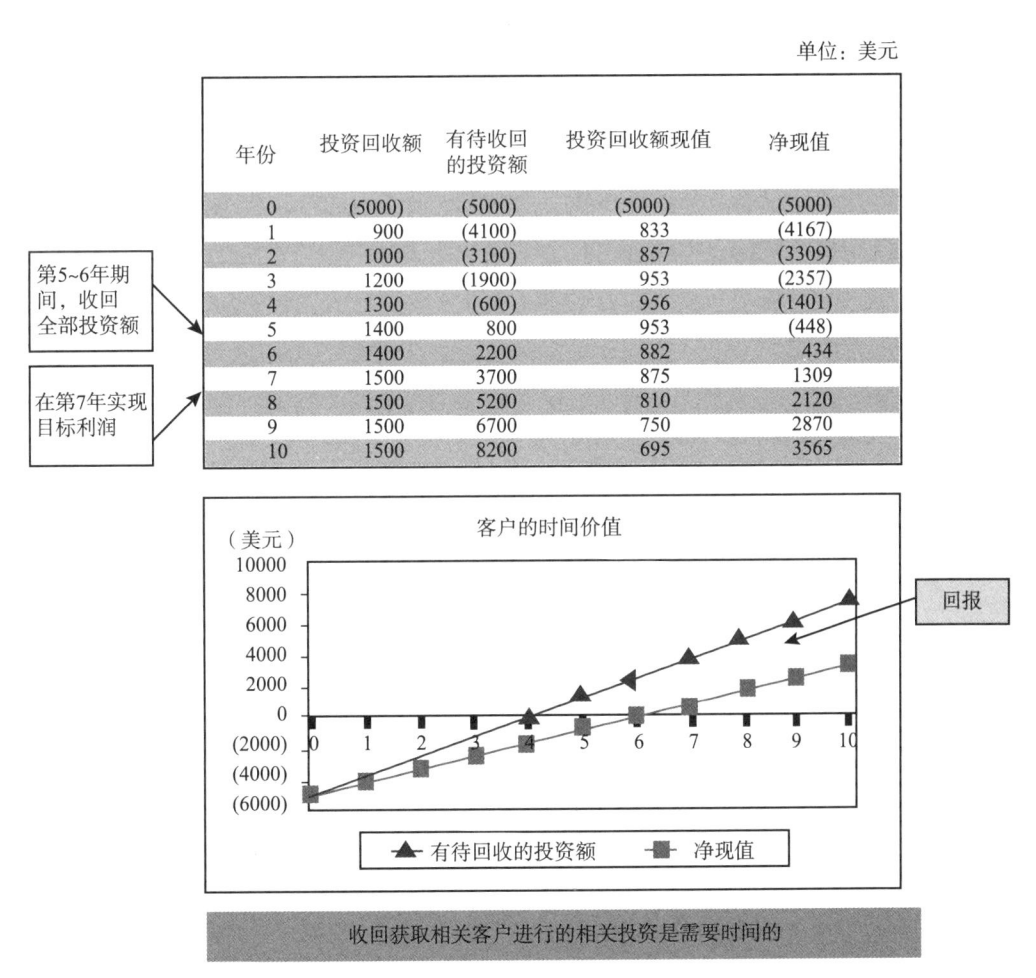

单位：美元

年份	投资回收额	有待收回的投资额	投资回收额现值	净现值
0	(5000)	(5000)	(5000)	(5000)
1	900	(4100)	833	(4167)
2	1000	(3100)	857	(3309)
3	1200	(1900)	953	(2357)
4	1300	(600)	956	(1401)
5	1400	800	953	(448)
6	1400	2200	882	434
7	1500	3700	875	1309
8	1500	5200	810	2120
9	1500	6700	750	2870
10	1500	8200	695	3565

第5~6年期间，收回全部投资额

在第7年实现目标利润

客户的时间价值

▲ 有待回收的投资额　■ 净现值　回报

收回获取相关客户进行的相关投资是需要时间的

图 8　客户生命周期价值

（六）其他会计问题

除了成本核算问题之外，组织在奠定基础阶段还需要解决其他棘手的会计问题，避免后期出现混乱和操纵。下面两个棘手的会计问题引发了金融服务行业的激烈讨论：

（1）未获成功的销售努力。针对一天之内收到的 10 项贷款申请，信贷员会批准其中的 6 项。而 4 项未获批的申请，其审核和否决所耗费的时间代表了未获成功的销售努力，即虽然付出了时间和精力，但未实现产品销售或未能获取客户。在另一个例子中，信用卡直接邮寄营销战花费了数万美元，但能有 5% 的响应率就称得上是战果丰硕了。95% 的直接邮寄成本是未获成功的销售努力，根本就没有带来信用卡申请。未获成功的销售成本分摊至成功销售之中，在这种情况下，未成功销售成为成功销售成本的组成部分。另一种方法是将未成功销售成本分摊到该产品类型所涉及的所有账户，此时，未成功销售就成为向市场提供产品的成本（这种方法往往受到销售主管的青睐，因为该方法能够降低销售活动的成本动因率）。对公司来说，应该尽早选择最好的方法，以避免产生误解、操纵或欺骗系统。

（2）可控成本和不可控成本。部门经理并不能控制所有的成本。对于银行设施部门在 5 年前谈判签订的租赁合同所确定的门面租金，分行经理能有多大的控制权？分行经理可以辩称，在计算客户盈利能力时应将设施成本排除在外，因为这是他们无法控制的成本。根据"CPM 系统的目标就是度量客户的盈利能力，所有成本——可控和不可控成本（公司的维持成本可能是个例外）都应包括在内"，我们可对这种观点加以反驳。虽然客户盈利能力的管理目标与员工绩效的管理目标并不一定不相容，但这样的选择让前者的重要性高于后者。

六、客户成本

为了了解客户的盈利能力，我们必须知道客户成本。对有效应用和使用 CPM 来说，客户成本的计量方式至关重要。

（一）传统成本核算方法的弊端

就 CPM 目标来说，传统的成本会计系统关注的是产品或服务线、成本中心以及职能成本分类，既不充分也无法提供帮助。这些成本系统通常直接从总分类账（GL）中获取数据，而 GL 是依据数量将 GL 成本分配给成本对象的（例如员工的数量、所保有的个人电脑数量）。GL 数据只能追踪已发生的成本——"支出了什么"，而不是为什么要支出（有关作业的说明）或是成本对象是如何消耗活动资源的。这些系统无法基于客户或细分客户的行为来提供成本信息。

传统的成本分配方法暗示所有客户或细分客户具有同质性。当支持成本（非直接或需分摊的成本，通常称为间接费用）按照常见的数量公分母（例如数量、收入或客户人数）进行平均分配时，它无法反映个体客户或细分客户各自的资源消耗模式，这通常会导致成本的错误分配。除非所有客户或细分客户在制造和非制造支持成本上的消耗方式相同，否则就应该采用作业成本法（ABC）这类具有因果关系的成本分配系统。在探讨这一主题之前，我们首先需要确定 CPM 所涉及的不同成本类型，这一点非常重要。

（二）成本类型

向客户提供产品或服务线所需的所有成本组成了客户成本，它不仅包括销售和交货时发生的成本，还包括产品或服务线整个生命周期内发生的成本。这些成本包括为客户增加价值的成本，例如产品或服务线成本以及服务成本。此外，还包括无法为客户增加价值、但对企业来说必不可少的成本。

1. 产品成本

（1）直接材料和直接人工（如适用）。包括了典型的产品或服务线成本，常称为直接成本。

（2）制造或服务线成本。这些支持成本包括了间接成本，这些间接成本通常可以根据基于数量的分配方案（例如工时）进行分配，但更好的方式是根据因果关系（例如作业成本法）来进行分配。

2. 服务成本

（1）营销、销售以及配送成本，通常可以根据基于数量的分配方案（例如销售或产品成本）进行分配，但更好的方式是根据因果关系（例如作业成本法）来进行分配。此外，这些成本还包括获得订单和履行订单活动所产生的成本。

（2）售后服务（例如保修或维修成本）和某些情况下的处置成本，通常可以根据基于数量的分配方案（例如销售或产品成本）进行分配，但更好的方式是根据因果关系（例如作业成本法）来进行分配。

3. 企业（或公司）的维持成本

并不是所有的成本都与客户产品成本或服务成本相关（Cokins，2006）。例如，景观美化、会计、IT 服务、专利摊销以及管理人员工资等成本，并不是由某个特定的客户或细分客户所引起的，而是为了维持企业运转。这些成本也许会分配给客户，也许不会。但如果将这些成本分配给客户的话，组织在阐释结果时就要十分小心，因为两者之间没有因果关系。另一方面，如果不把这些成本纳入客户成本考虑，那就意味着基于客户利润做出的决策可能会导致企业或公司发生亏损。

客户成本指的是客户产品成本和客户服务成本的总和。在理想状况下，组织能够根据因果关系来分配这些客户成本，例如使用作业成本法或其变体形式。根据作业成本动因率和客户所消耗的作业来计算每项作业的成本。正如上文所提到的，是否包括企业维持成本要视具体情况而定。不管怎样，组织需要根据是否将企业维持成本纳入客户成本来对结果信息进行解释。请参阅图 7 "客户盈利能力报告"，该图提供了一个多层客户盈利能力报表示例。

（三）成本核算系统

目前，至少有三种成本核算系统可供选择。第一种是基于数量的传统成本核算，这种方法假定产品、客户和其他成本对象在消耗作业资源方面没有差别。由于同质性不是一个有效的假设，所以第二种方法使用了作业成本法（ABC）。因为实施 ABC 要求时间和资源投入，所以卡普兰（Kaplan，2004）建议使用一个简化方案：时间驱动作业成本法（TDABC）。我们提倡使用具有因果关系的成本分配方法，指的就是 ABC 或 TDABC。这些方法的简要比较请参见下文。本公告将不会针对 ABC 应用进行全面的讨论［如想了解这方面内容，请参阅 2006 年 IMA 发布的管理会计公告《实施作业成本核算》（*Implementing Activity-Based Costing*）］。

（四）传统成本核算方法

按照传统成本核算方法，将直接产品和服务成本分配给作为成本对象的客户或细分客户不会产生任何问题，但在分配间接产品成本或共摊客户成本时则不然。

基于数量的传统成本核算系统假定成本对象消耗间接成本或共摊成本的方式都是一样的，并根据基于数量的成本动因（例如直接工时、客户收入金额）来分配职能成本（例如工资或保险）。传统成本核算最大的问题，是该方法没有根据成本对象的作业资源消耗情况来分配支持成本，而这种简化的分配方法常常会得出误导性的结果。

CPM系统试图捕捉各个客户或细分客户不同的资源消耗模式，以便管理层能够更好地管理每一个客户或客户群体的盈利能力。传统的成本核算系统忽视了成本对象的作业消耗模式，因为缺乏这类衡量信息，管理层就不可能恰当地管理客户的盈利能力。

（五）作业成本法（ABC）

作业成本法（ABC）能够解决上述质疑。在ABC中，组织必须对作业进行识别，确定作业成本集合，选择成本动因，设定成本动因率。然后将成本动因率应用于不同的客户或细分客户，以便评估他们的盈利能力。

ABC要求组织首先对作业进行识别，使用资源动因来分配这些作业所消耗资源的成本。第一步是将有关职能部门的总分类账户转换为作业成本。基于更高层次作业所消耗的支持活动来分配支持活动成本［更详细的内容，请参阅加里·柯金斯（Gary Cokins）在2008年撰写的关于多层ABC的文章］。所有产品或服务线按照相同方式消耗的作业成本也应纳入作业成本集合。

在本阶段，组织能够了解每项作业的成本，而这往往会引出一系列问题，这些问题都与成本最小化的管理活动有关。为了更好地管理成本，作业管理（ABM）要求组织执行重新评估、再次检查和重新设计等流程和活动。虽然ABM能够提升公司的盈利能力，并为CPM目标提供支撑，但它并不是CPM不可分割的直接组成部分。

在识别作业及其成本之后，下一步就是针对每一项作业或作业集合，从可用的交易数据中选取合适的成本动因。然后估算每一个成本动因在一段时间内（通常是1年）的数量或容量。

根据估算的成本动因数量来拆分作业成本或作业成本集合，并据此确定成本动因率。然后将成本动因率应用于成本对象，例如产品、渠道、客户或其他成本对象（通常为决策点），用成本对象所消耗的每项作业的成本动因数量乘以该作业的成本动因率。

因此，分配给成本对象的作业成本之和代表了成本对象的产品和客户成本总额。

用这种方法计算得出的客户成本，包括了分配给客户或细分客户所购买的产品或服务线的所有产品或服务线作业成本（产品成本），以及根据成本动因率计算的为客户或细分客户提供服务所发生的成本。此外，公司的维持成本也可以分配给客户或细分客户，但此类成本与客户之间不存在内在的因果关系，所以分配活动肯定是随意的。

需要注意的是，ABC 并非必然受到总分类账的约束。例如，根据美国公认会计原则（GAAP）的规定，存货相关活动所产生的成本并不确认为费用，如应计利息、资本支出费用或重置成本折旧。出于管理的目的，组织可将此类成本纳入 ABC 中。

ABC 通常要求获得调查信息，以便将资源成本分配给作业以及将作业成本分配给成本对象。这些调查信息也许并不准确，一旦营运活动或作业发生变化，就应该对调查信息进行经常性更新。在应用 ABC 时，组织可以实现不同程度的精准度。最精准的信息要求成本核算系统生成和捕捉海量的成本动因和复杂的数据，所以，获取高度精准性所需的成本过高，往往无法实现。应该兼顾精准度和成本，在两者之间寻求平衡，以达到最优的精准度水平。

（六）时间驱动作业成本法（TDABC）

为追求成本的精准度，ABC 的应用变得非常烦琐且代价高昂，有鉴于此，卡普兰和安德森（Kaplan and Anderson，2003）开发了一种简化版的 ABC，二人将其称为时间驱动作业成本法（TDABC）。这种简化方法的主要优点有两个：（1）避免了普查、再调查和调查的主观性；（2）强调产能利用率或利用欠缺。应用 TDABC 时，有两个参数是必不可少的。第一个是单位时间内的资源实际产能，第二个是执行每单位可识别作业所需的时间。用资源成本除以资源的产能就可以得出单位时间的成本，然后用资源的单位时间成本乘以每单位作业所耗费的时间就可以得出成本动因率。最后，根据成本对象消耗的成本动因单位数量来将成本动因率应用于成本对象。

作为 ABC 的一个特殊应用，TDABC 相对较新，而且似乎也有证据证明其优点。但是，有关 TDABC 劣势的证据也开始涌现。例如，对每单位作业的执行时间进行直接观察可能会受到观察流程本身、抽样误差或每单位作业开始和结束时间界定等因素的影响。此外，"时间是许多资源的驱动力"（Adkins，2008），这一假设也存在疑问。如想了解关于 ABC 的进一步讨论，请参阅 2006 年 IMA 发布的管理会计公告《实施作业成本核算》。

对 CPM 来说，选择哪种成本核算系统至关重要。对基于数量的传统成本核算方法、ABC 和 TDABC 进行选择，需要依据组织所处的环境。重要的一点是认识到这些方法存在不同的形式，在对 ABC 进行简化调整之后就能在合理的成本水平上获得令人满意的成本信息。追求精准的成本信息会大幅度抬高 ABC 系统的开发和维护成本。我们之所以青睐 ABC，是因为该方法基于因果关系来分配成本。不根据因果关系随意地分配成本也许会带来少许收益，但也会误导决策。

（七）成本动因类型、质量和数据可用性

成本动因主要有三种类型：基于交易（数量）、基于持续期（时间）或基于强度（直接追踪）。例如，如果产品的安装作业相似（交易或数量），那么安装作业成本可以根据安装的数量来进行分配；如果产品的安装作业所消耗的时间（持续期）不相同，或所需安装员工数量的追踪不同，或完成安装所需的时间不同以及实际所需的车间用品（强度）不同，就可以根据安装小时来分配安装作业成本。

所选成本动因的质量对 CPM 来说是非常重要的。例如，如果根据销量或销售额来分配成本，那么，那些偶尔签订大额合同的客户就会分配到畸高的服务成本，从而降低了这些客户的盈利能力，隐瞒了经常签订小额合同的客户缺乏盈利能力这一真实情况，并推高服务成本。

应用 ABC 要求组织获取作业成本动因数据或是能开发和维护这些数据。对许多组织来说，虽然这些数据可能已经包含在交易数据之中并可由 CPM 系统提供，但客户层面的作业成本动因数据，尤其是服务成本方面的，仍是无法直接获得的。

（八）在 CPM 中使用 ABC 成本存在的问题

在 CPM 中应用 ABC 或其变体形式时，有一系列问题尚待解决，这些问题包括：

1. 财务部门与其他部门的合作

开发 CPM 一个前提条件是，财务部门与客户管理部门必须进行顺畅的沟通，以便能够正确捕捉存在于系统中、旨在衡量资源消耗情况的成本信息。这要求财务部门与其他部门开展更为紧密的合作，我们在许多组织中观察到的合作情况通常都达不到这样的

程度。如果公司当前正在使用 ABC，那么必须进行调整，将所有与客户有关的成本都包含在内，将客户作为成本对象，并使用 ABC 进行成本分配。如果公司尚未使用 ABC，那么后期的设计工作必须根据 CPM 系统的要求来进行。

2. 成本的准确性

成本的准确性源自准确的成本分类、作业定义、作业成本集合的确定、成本动因的选择、数据收集和成本对象的分配。成功实施 CPM 要求组织采用准确和运转良好的成本核算系统，最好是 ABC 或其变体形式。

在形成客户成本信息的过程中，组织需要时刻牢记复杂性的代价不菲，不仅是形成成本信息的过程中，还包括成本动因信息的维护工作中，这一点非常重要。组织必须在信息准确性和复杂性之间寻求平衡。正如许多实施活动所发现的那样，实现高精准度的成本核算不仅给系统使用者的理解力带来了挑战，而且还提高了系统的开发和维护成本。

3. 资本化和摊销

目前，GAAP 要求组织将期间成本视为费用化成本，例如营销费用和研发费用。根据 CPM 目标进行成本核算时就会遇到一个问题，即是否要将此类成本予以资本化并在合理的期限内进行摊销？其他可进行资本化和摊销处理的费用是未成功的销售努力和大型营销战。公司在 CPM 系统中对费用进行费用化还是资本化处理，取决于其所处的特殊环境，无论如何，这些决定应该在奠定基础阶段做出，在本阶段，注意力都放在了打造对公司而言最好的 CPM 系统上。

4. 随意的成本分配

认识到有些成本分配在本质上具有随意性是非常重要的。即便是使用 ABC，某些成本的分配仍是随意的——即设备设施和业务维持成本，这样的实例包括：（1）制造业分配并计入产品成本的设备设施维持成本；（2）用于营销、销售、配送以及售后服务的设备设施维持成本，其分配计入服务成本；（3）用于研发、环境景观、公司总部以及高管薪酬的业务维持成本。虽然在使用 ABC 分配上述某些成本时存在随意的情况，但组织需要认识到传统的成本核算方法不仅是在设备设施和业务维持成本的分配上，而且在绝大多数间接和共摊成本分配时都存在随意性，这一点非常重要。在 ABC 中，设备设施和业务维持成本分配上的随意性必然高于基于因果关系的作业成本分配。

5. 成本可控性

在实施 CPM 系统的过程中，常常会出现一个问题：系统的主要目标是什么（这个问题需要在决策阶段加以解决）？某些利益相关者会希望系统侧重于如何衡量员工的绩效而不是客户的盈利能力，本公告关注的是客户盈利能力管理，而员工绩效必定与 CPM 相关，但 CPM 系统主要的重点应该放在获取客户盈利能力管理所需的最佳信息上。

成本可控性问题与衡量员工绩效有关，这要求组织对专注于可控性和员工绩效评价的 CPM 信息进行修改或改编。由于成本可控性取决于管理层级和时间范围，所以区分可控和不可控成本是一项非常棘手的工作，并且很难通过成本核算系统捕获这两类信息。相比较而言，报告系统处理可控制性问题要比成本核算系统容易一些。例如，组织可以采用平衡计分卡之类的多维度绩效指标系统来解决这个问题，不用像 CPM 成本核算系统那样，将成本可控性视为首要标准。

6. ABC 提供并吸收了全部成本

ABC 在实施时常常被视为一个全面的成本吸收核算系统，在将成本分配给成本对象时，这个核算系统忽视了固定成本和变动成本之间的差异。在 CPM 中，所谓的全部成本实际上仅仅包括部分成本，客户成本中也许包括业务维持成本，也许没有包括。

之所以说 ABC 关注了全部成本，原因有两个。首先，近几十年来的成本趋势是固定成本在成本结构中的占比越来越高。在将成本分配给成本对象时，固定成本是不容忽略的，对客户基于作业的成本核算活动来说，这种情况需要得到同等重视。其次，传统方法通过长期决策来改变固定成本的水平，并以此来管理固定成本。

ABC 的支持者认为，必须通过产能管理来对固定成本进行管理。应该突出强调任何闲置的产能，以便管理层可以提高能够产生利润的产能的利用率或缩减产能规模。实际上，我们认为产能成本具有一定的灵活性，这种理念赋予企业在动荡经济环境中实现生存所必需的敏捷性。如果不是这样，管理层可能会认定企业在短期内是无法控制固定成本现有水平的，而这会妨碍管理人员寻求替代方案来利用产能或缩减产能规模。

另一方面，组织需要认识到长期绩效评价指标（例如采用 ABC 得出的客户盈利能力）只能向管理层提供长期盈利能力的信号，这一点非常重要。如果根据这些信号制定了决策，那么，组织应该针对与现金流和公司盈利能力有关的决策的不同影响进行一种完全不同的分析。客户盈利能力指标可以告诉管理层需要查看什么环节，而不是采取什么行动。例如，根据ABC数据放弃某个无利可图的客户，结果可能导致利润下降，而不是利润增加，这是因为一些固定成本可能无法避免，至少在短期内是这样。

7. 成本习性的两难处境

固定成本通常包括在根据ABC分配给客户的成本中，这意味着如果新增一名类似客户或丧失这名客户，那么，客户利润的变化并不能代表对公司利润的影响。这就提出了一个问题，即客户盈利能力是否应该以两种方式进行衡量：全面吸收ABC以及变动成本核算ABC。换句话说，就是在全面吸收的成本核算方法之外，是否应该补充应用变动成本核算方法。

资源成本习性具有挑战性，因为它涉及资源产能的调整能力。这种可调性标准取决于规划周期以及调整产能的难易程度（资源成本黏性）。此外，决策是面向未来的，而使用任何成本核算系统来归集和分配成本必然是具有历史性的。与新增或放弃某个客户或细分客户，抑或调整客户关系相关的任何决策都必然要求组织针对决策的不同影响开展特殊的决策分析。

ABC的应用已经足够复杂，充满了挑战，而建立两套ABC成本（变动和全面吸收）的工作是非常繁重的。即便建立了两套系统，每个系统得出的结果若仅仅只是提供信号，如果没有专注于这些具体决策展开进一步的分析，那么，这些结果是不能直接为组织制定客户相关决策提供帮助的。因此，我们认为开发两个ABC系统只会带来一种可能性，即让问题复杂化并产生额外成本。无论是只选择采用全面吸收ABC，还是只采用变动ABC，抑或二者皆选，组织都应该认识到，结果数据只是提供了信号，需要进一步围绕决策展开分析以评估行动提案。

8. 成本信息与总账协调一致

顾客成本信息来自成本动因数量和成本动因消耗。此类信息源于作业成本库信息，而作业成本库信息又来自于总账（GL）或直接取自总账的子系统（例如应付账款、工资）。分配给所有客户或细分客户的客户成本应该与作业成本库协调一致，而作业成本库反过来又应与总账账户或按照职能划分的费用的交易来源协调一致。一段时间内的客户成本总额应该与总账中的职能成本金额是一样的，除非ABC系统包含了财务会计系统所不承认的估算成本。

9. 未利用产能

在使用作业成本核算时，用于确定成本动因产能的方法有两种可供选择：ABC 和 TDABC。ABC 的早期应用往往忽视了未利用产能。这两种方法都将估计使用量或预计产能利用率作为计算作业动因率的分母。而 ABC 下，未利用产能的相关成本并未排除在外，因此作业动因率通常高于未利用产能被排除的情况。在确定每个作业成本动因率时，组织可以使用每个成本动因的实际产能，将未利用产能的相关成本排除；TDABC 的支持者之所以宣扬这种方法，不仅仅是因为它具有简洁性，也是因为它将未利用产能的相关成本排除在外，在作业动因率中只分配已利用产能的相关成本。

TDABC 的支持者声称，与传统 ABC 相比，TDABC 使用起来更加简单，避免了广泛调查的主观性。在确定成本动因率时，传统的 ABC 和 TDABC 都可以使用实际产能。将实际产能纳入计算确实增加了复杂性并加入了主观因素——可能有欺骗系统的企图。尽管如此，使用实际产能具有保持成本动因率稳定的双重好处；作为分母，每个成本动因的实际产能水平不会经常变化。TDABC 还能将未利用或未使用产能的相关成本排除在外，这有助于管理产能成本，可以根据未利用产能或缩减产能水平来评估备选方案。

应当注意的是，利用实际产能并不是 TDABC 独有的，它可与 ABC 任何应用结合起来使用。ABC 的全部要求可能就是将实际产能（而不是预计使用情况）作为每个成本动因的分母，并以此来确定作业成本动因率。这样做的效果是可以显示每个成本动因的未利用产能以及每项作业未利用产能的成本。因此，简便性就从根本上成为采用 TDABC 系统的理由。

无论实际产能是否纳入 ABC，显而易见的一点是，成本核算问题是衡量客户盈利能力所面临的主要问题。精心开发和维护成本核算系统对于衡量和管理客户盈利能力而言是至关重要的，可以毫不夸张地说，成本核算是 CPM 的"阿喀琉斯之踵"。

七、交易数据

前两部分讨论了 CPM 系统的基础事项和成本核算，这两者都高度依赖于交易数据的可获得性。在奠定基础阶段，组织已经确立了成本对象，但衡量成本对象的盈利能力需要相关交易数据。同样的，诸如产品、渠道等其他基础事项也都依赖于这些项目交易计数（成本动因数量）的可获得性。不论某个特定成本对象如何具有吸引性，如果没有交易数据的支持，组织就不能使用这个成本对象。

例如，在银行业，客户账户盈利能力的一个重要组成部分是账户持有者兑现支票的次数。若要针对支票兑现业务计算业务动因率，组织需要具备两个层级的数据：（1）在 ABC 成本计算过程中，兑现的支票数量是多少，需要将其作为分母——可用实际产能来代替；（2）在计算客户账户盈利能力时，需要使用每个客户账户（成本对象）兑现的支票数量。获得了兑现支票总数数据，组织就能计算成本动因率，但如果不能获取每个客户账户兑现的支票数量数据，那么，这个计算就没有多大价值。

（一）数据源

CPM 系统所使用的交易数据源因行业不同而有所差异，而且数据来自同一公司不同的计算机系统。有些数据来自财务系统，如总账数据；其他数据，如交易动因数据，则来自销售、ERP 等核心应用系统。有些公司非常幸运，它们已经建立了数据仓库，其中可能包含了许多所需数据，并能提供一站式的数据"采购"。

业务动因必须具备可用的交易数据，这一基本概念可用一个原则来表述，"核算你可追溯的成本，追踪成本费用的来源"。也就是说，只有在成本对象的动因数据可以追踪并获取的情况下，才将该作业成本纳入考虑；在不能获取相关作业成本库并无法计算成本动因率的情况下，不要追踪和获取成本对象的动因数据。

作业成本库可以确立，但成本对象的作业动因使用数据（作业执行次数）却不可得，这种情况并不鲜见。例如，通过观察我们可以发现某位员工用 5% 的工作时间来回答客户问题，但是核心应用系统不能分辨哪些客户进行了提问，哪些客户没有提问，因此，组织无法获取成本对象的作业动因数据。在这种情况下，作业成本库要求组织采用另一种方法，例如将作业成本库与更为普遍的客户维护作业成本库结合起来。由此造成的结果就是，尽管受到客户细分群体的不成比例的消耗，但作业成本库还是通过更为普遍的作业动因被分配给了所有客户。

图 9"核算可追溯的成本"，以银行或信用合作社为例，提供了一张图表来展示如何追踪资源成本，从按职能划分的总账成本到作业活动，并形成作业成本库，而后再使用成本动因率追踪至各个成本对象。将成本动因率乘以作业使用计数就能得出每个客户账户（成本对象）的成本。

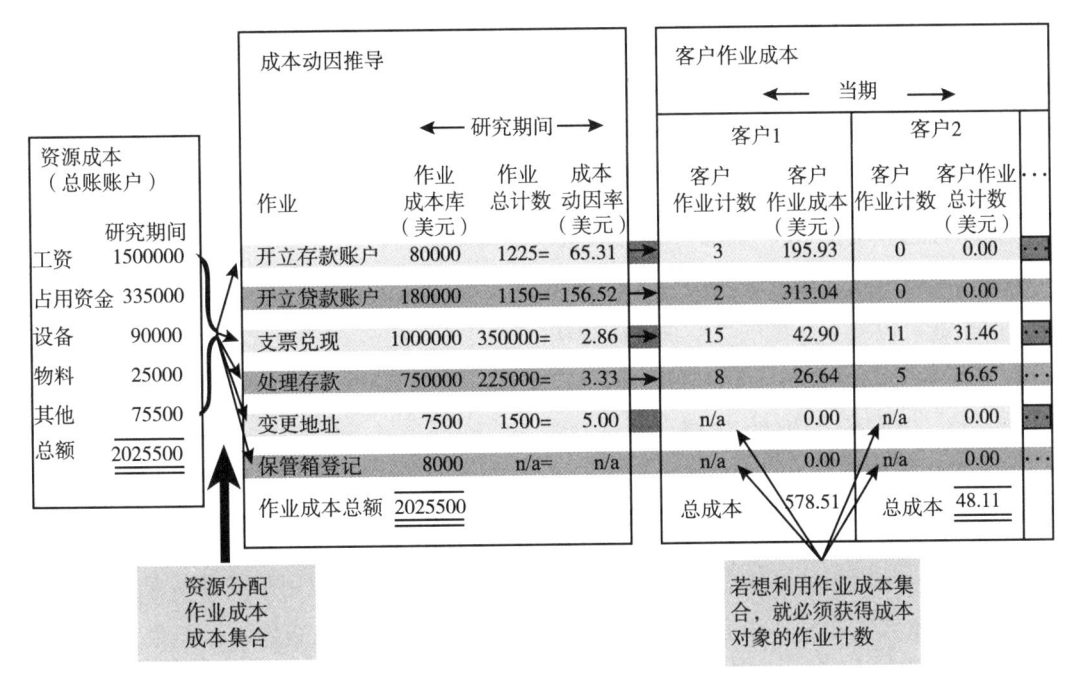

资源成本 (总账账户)		成本动因推导				客户作业成本			
	研究期间		← 研究期间 →			← 当期 →			
						客户1		客户2	
		作业	作业 成本库 (美元)	作业 总计数	成本 动因率 (美元)	客户 作业计数	客户 作业成本 (美元)	客户 作业计数	客户作业 总计数 (美元)
工资	1500000	开立存款账户	80000	1225=	65.31	3	195.93	0	0.00
占用资金	335000	开立贷款账户	180000	1150=	156.52	2	313.04	0	0.00
设备	90000	支票兑现	1000000	350000=	2.86	15	42.90	11	31.46
物料	25000	处理存款	750000	225000=	3.33	8	26.64	5	16.65
其他	75500	变更地址	7500	1500=	5.00	n/a	0.00	n/a	0.00
总额	2025500	保管箱登记	8000	n/a=	n/a	n/a	0.00	n/a	0.00
		作业成本总额	2025500			总成本	578.51	总成本	48.11

资源分配作业成本成本集合

若想利用作业成本集合，就必须获得成本对象的作业计数

图9　核算可追溯的成本

（二）添加人口统计数据

通过为成本对象添加与成本或收入无关的数据，可以提高 CPM 系统分析的稳健性。例如，客户人口统计数据可以提供如年龄、住址、邮编、收入水平、购买偏好等方面的信息。其他数据可以通过内部生成，如客户与公司建立关系的时间长短、客户销售代表以及顾客的付款记录等。

一旦确定了成本对象的盈利能力，那么，我们不但可以从成本对象（如客户账户）的角度来审视盈利能力，同时也可以通过补充人口统计数据来加以观察。例如，我们可以通过年龄组或代际信息来分析客户的盈利能力；如果可以得知与成本对象建立关系的时间长短，那么，就可以利用这一数据来进行分析。在前面所讨论的多维盈利能力概念中（请参见图4"盈利能力的多维视角"），人口统计数据就是其中一个分析角度。

准确、重复且及时地追踪交易及其他数据并将它们纳入 CPM 数据库并非易事，需要组织付出很大的努力来设计、实施和维护数据库。数据追踪是造成 CPM 系统失效的最大风险之一，如想更多地了解 CPM 系统如何追踪和维护数据，请参见附录2"管理会计师需要考虑的技术事项"。

八、系统选择

组织在选择支持 CPM 系统所需的信息系统基础架构时，需要结合在奠定基础、成本核算以及数据三个高度关联的阶段所做出的决策。一旦完成这三个阶段的基础工作，那么组织就可以着手选择信息系统基础架构。

（一）数据库引擎的选择

一般情况下，CPM 系统需要两个单独的计算引擎：一个用于成本核算，计算成本动因率；另一个用于计算成本对象的盈利能力，将成本动因率应用于成本对象。某些商业产品将成本系统和盈利能力系统整合到一个 CPM 数据库基础架构中，但最为常见的是将成本核算和盈利能力系统作为两个独立的模块或应用系统。

在选择 CPM 应用系统时，不论是针对成本核算系统还是盈利能力系统，抑或二者兼顾，组织有三个基本选择：

（1）内部开发；

（2）购买；

（3）外包。

内部开发应用为组织提供了最大的机会来定制 CPM 系统。然而，定制是有代价的，其中包括需要大量的管理会计和信息技术资源、实施工作耗时长等。而且，内部开发的应用程序往往会过时，因为组织很难跟上商业开发的现成产品的技术步伐。一家大型银行前几年耗费巨资在内部开发了自己的成本核算系统，但仅在 3 年之后就放弃了这个系统，因为它缺乏商业产品所具备的功能。

虽然购买现成的商业软件应用程序将限制组织的定制化能力，但这种方法能够降低成本，缩短 CPM 系统的部署时间。即使借助外购的应用程序，组织也不可能在安装之日就获得成本动因率和客户盈利能力数据。这些应用软件在首次使用时更像 Excel：一张空白的工作表，需要由购买公司输入所有必要数据，在它们之间建立联系，编写公式进行计算，最后才能生成公司的成本动因率和客户盈利能力数据。先进的商业 CPM 系统可以代替公司完成部分工作，但产品、渠道、关系、交易使用数据以及模型具体要求必须由购买软件的公司自行建立。

第三个系统选择是外包或托管，通常称为应用服务提供商（ASP）或软件即服务（SaaS）。这种方法需要向第三方供应商提供公司数据，而后在第三方供应商的电脑上运行成本核算和盈利能力系统，得出结果后反馈给公司。托管提供的定制化机会最少，但与此同时它所需的初始成本也是最低的，并且实施速度最快。如果要求按照月度或季度来编制和交付盈利能力报告，那么，组织通常需要定期支付费用。如果采用托管这一解决方案，特别需要注意数据安全和客户隐私问题。

（二）对其他系统应用的思考

无论选择何种系统选项，组织都需要调用 CPM 系统以外的信息系统和数据库。这些外部系统可能已经存在或需要开发。所需的两种基本类型的外部系统是：（1）能为成本核算或 CPM 系统提供信息；（2）能从成本核算或 CPM 系统接收信息。

首先，外部系统将为 CPM 系统提供计算作业动因率和客户盈利能力所需的信息。应收账款系统作为一个订单或销售跟踪系统，可以为 CPM 系统提供数据。核心应用系统可以提供交易数据，这也是从外部系统获取数据的一个例子。

第二种类型的外部系统是最终结果报告系统，用于向员工提供计算得出的成本核算和客户盈利能力信息。这样的例子包括部门实施平衡计分卡概况，向销售人员报告特定客户的盈利能力信息，或拥有查询工具可进行成本核算或客户盈利能力分析的数据仓库。成本核算和客户盈利能力结果数据在整个组织中的传递方式，将会对 CPM 系统的成功与否造成很大的影响。

最后一个系统的考虑事项，是成本核算和盈利能力系统所需的持续性维护工作以及偶尔的升级和完善工作。客户盈利能力系统，无论是外购或内部开发，都需要安装、测试并升级软件。如果流程发生改变进而影响到成本动因率或如果不进行追踪就无法获取数据，那么，组织就需要对系统进行完善。任何完善或升级都需要进行设计、记录、安装和测试。

九、业务算法

计算成本动因率和成本对象盈利能力所使用的公式和计算方法被称为业务算法或规则。业务算法必须经过设计、记录并纳入成本核算和盈利能力系统进行测试。模型构造者指示应用系统如何处理数据并计算成本动因率和成本对象盈利能力，就像 Excel 用户将公式置入电子表格中一样。

公司在业务算法设计和实施工作中的参与程度，取决于公司在系统选择阶段所做出的决定。内部开发的系统以及外购的应用系统（在较小程度上）几乎为公司实现业务算法的定制提供了无限可能；而外包解决方案通常使用行业最佳实践的业务算法，购买公司几乎无法控制的业务算法。

应该尽可能地让业务线和后台员工参与 CPM 系统的设计工作；与模型构建者相比，他们肯定更了解自己所在的领域是如何运转的。让员工参与 CPM 系统的设计，或至少让他们了解相关情况，这对于获得员工的认同和支持大有帮助。获得员工的认同将鼓励员工以建设性和创造性的方式来使用客户盈利能力信息，为组织创造价值。第十一部分"行为考虑因素"将进一步探讨这一问题。

（一）定制和成本

虽然内部开发或外购 CPM 应用系统为组织提供了大量的机会来定制业务算法，但定制是有代价的，并且会产生一些不可避免的缺陷。如果采用一种以上的方法来计算业务动因率和成本对象盈利能力，而且各种方法得出的结果各不相同，此时，问题就出现了。因此，在具体选择使用哪种方法上，对业务算法的控制将引发政治斗争，各个部门的经理都希望采用对自己部门最有利的方法。例如，营销活动的成本可以分配给当前销售或予以资本化和摊销，营销部门通常更愿意采用资本化形式，因为这种方法将降低销售实现的成本动因率。

避免在业务算法和会计方法上产生政治斗争的方式，就是在奠定基础阶段就做出这个困难的会计选择，将重点放在设计一个准确而具有战略性的 CPM 系统上。

（二）CPM 系统的文档记录

如果采用定制，那么随之而来的是设计的记录责任，但人类有一种倾向就是忽略记录工作，这个陷阱难以避免。内部开发和外购的应用程序会涉及大量的文档，这些文档记录了这些应用是如何工作的。但在业务算法的设计和定制方面，几乎没有什么文档记录。Excel 的情况与此相似，说明 Excel 是如何工作的文件浩如烟海，但 Excel 用户电子表格的设计记录却寥寥无几。

一般来说，记录 CPM 系统的设计情况（也就是说，业务算法及其使用的数据）是管理会计师的工作。成本核算和盈利能力系统的内置计算非常复杂，而文档记录是保持系统在测试、生产、维护、升级和理解方面整体性的唯一途径。如想更多地了解 CPM 系统逻辑的记录工作，请参见附录 2 的"管理会计师需要考虑的技术事项"。

在业务算法定制方面，外包或托管 CPM 系统提供的机会有限，但这种限制也有一定的益处。提供外包解决方案的供应商从最佳实践中汲取方法并将其纳入它们的产品之中，从而减少（如果不是消除的话）CPM 设计过程中的政治操纵现象，进而减少执行时间和成本。由此带来的结果是，外包系统通常可以在数月内生成客户盈利能力信息，而大多数内部开发和外购系统需要好几年才能实现这一目标。

（三）测试

在将业务算法置入成本核算和 CPM 系统之后，组织必须对算法进行测试。测试是一项实施成本，但容易被忽视和降至最低。这是错误的，因为彻底测试 CPM 系统的各个方面对于系统取得成功是至关重要的。

测试方案应该纳入 CPM 系统的设计和实施计划，包括任何变化，且无论这些变化有多么微不足道。虽然组织应该尽可能打造高质量的系统（例如，良好的文档记录和数据质量检查），但测试结果能确保它们的准确性和完整性。如果建立了高品质的 CPM 系统，测试工作就能快速开展，且困难相对较少。而另一方面，如果采用快捷方式来仓促建立 CPM 系统，测试过程将是漫长而痛苦的。

十、盈利能力信息

在完成交易数据采集工作、开发出业务算法、并对整个 CPM 系统进行彻底的测试之后，新系统就将进入生产阶段。在本阶段，CPM 系统会定期运行，通常是每月或每季度，生成客户盈利能力信息和报告。

是否能够定期生成准确的 CPM 结果数据取决于系统的可持续性和重复性。系统的可持续性是指每个时期按计划运行系统的能力，这是设计工作的重要考虑事项。例如，将人工数据采集或人工流程置入信息系统会导致延迟和错误，并打乱生产计划。正如俗语所说的那样，"自动化，自动化，还是自动化！"

重复性是指不管系统运行了多少次，它都具有使用相同输入数据得出相同结果的能力。如果输入数据相同，但结果却不同，那么系统是不可预测的，从而无法使用。

组织应该仔细考虑如何传递客户盈利能力信息。若想发挥作用，CPM 报告必须能告诉管理人员公司客户群体的盈利状况、相关变化以及盈利潜能。而且，CPM 报告应该易于理解，具有相关性、实用性和可操作性。此外，报告还应该提供向下挖掘的能力，能够将结果与源文档和交易数据联系起来。

精心设计的 CPM 报告可以指明行动的必要性，我们将在第十一部分"战略集成"中进行探讨。但是 CPM 报告作用仅限于此，每一个决策都需要针对自身对公司的短期和长期增量影响开展单独的分析。

客户盈利能力信息是在作业动因率的基础上生成的，而作业动因率是在成本核算阶段形成的，并且应该定期进行更新，最好每隔 12~18 个月就更新一次。定期更新能确保作业动因率的可靠性，减少出错和遭到批评的可能性。如果业务流程发生重大变化并对作业动因率造成重要影响，那么，组织应该尽快更新作业动因率。

目前，某些可用的复杂成本核算系统有能力以几乎实时的方式来每个月重新计算成本动因率。虽然每月计算成本动因率能带来一些好处，能让成本动因率保持最新，并100%地吸收每月的总账费用；但是它们也会造成一些不利影响，扭曲对客户作业或行为的认知。更好的做法是让成本动因率在一段时间内保持固定，比如说 12 个月，这样一来，客户盈利能力的变化能够容易地解读为客户所采取的行动。肯定存在能够区分变化对成本动因率和客户作业所造成影响的管理会计工具，但为什么要增加这样的复杂性，并让焦点偏离客户行为呢？

生产阶段 CPM 系统存在的风险

一旦 CPM 系统进入到生产阶段，管理工作中存在的技术风险包括：

（1）数据。从公司的核心应用和总账系统中提取出的成本对象数据，其质量和及时性对 CPM 系统带来了极大的风险。组织应该建立流程来确保高质量的数据文件得到及时交付。然而不可避免的是，从核心应用系统中提取的数据将包含缺失值、错误和其他噪点。强大的数据质量控制体系能够捕获许多此类错误，而内置于业务算法的错误捕捉器将捕获大部分剩余错误。

（2）结果的准确性。客户盈利能力结果必须准确，令人相信其具有可用性。确保结果准确性的唯一办法是在系统建立之际以及任何变化发生之时，对 CPM 系统和所有数据的获取进行彻底的测试。每月的结果也应进行准确性测试,比如将每月的 CPM 总数与公司范围内的独立结果和其他质量检查进行比对。

(3)时效性。客户盈利能力报告和信息必须及时提供,这样才具有意义,才能发挥有效作用。意外延迟是任何信息系统所固有的,但是在设计阶段组织可以采取措施来减少延误的可能。比如,人工收集数据或人工运行流程可能会导致这样的延误,应该尽量避免。

十一、战略集成

(一)发现机遇

客户盈利能力信息,在客户层面提供了相当深入的信息,这在以前是无法获取的。哪些客户具有最高的盈利能力,是组织挽留工作的重点对象?哪些客户最无利可图?组织可以采取什么措施来让他们向有利可图转变?最具盈利能力的客户与盈利能力最差的客户之间有哪些类似之处?差别又是什么呢?

许多公司开展客户调查,但大多数公司未使用所收集到的盈利能力信息。鲜有公司意识到,某些忠实客户也可能造成利润流失。根据诺顿和海盖特的观点(Norton and Hegate, 2005),组织需要将理解客户放在公司战略的核心位置,这一点非常重要。但是,对于一项有效的战略来说,衡量客户满意度和客户忠诚度是远远不够的,还缺少对客户盈利能力的衡量和管理。

衡量客户盈利能力的目的是要找出哪些客户能带来盈利(P),哪些客户大致盈亏平衡(B),哪些客户破坏或侵蚀利润(L)。三分法(PBL)只是一种建议,因为客户或细分客户可以按照多种方式来进行分类。例如,公司可以根据交易量和盈利能力矩阵来划分客户,而不是仅依靠盈利能力(Alger, 2003)。然而,出于说明的目的,这种客户三分法就已经足够了。

(二)实施策略

一旦衡量了客户盈利能力并根据客户的消费金额或盈利百分比进行了排名,那么 P

类客户当前贡献的盈利远远超过了100%。组织应该努力挽留和吸引的正是这类客户，可考虑采取的措施包括：

（1）探寻 P 类客户之所以能够贡献盈利的共同特征或行为，并将这些成果转化为实实在在的行动以挽留这类客户；

（2）销售人员、客户关系经理或他们的上级都应该给予客户个别关注；

（3）提供价格或服务优惠，确保公司对这些客户仍然具有竞争力；

（4）探寻 P 类客户对公司的期望，提升特质以吸引具有相似特征的新客户；

（5）为 P 类客户提供高度优先的服务或极具吸引力的定价，发展合作关系。

针对 B 类客户需要采取不同的策略。组织首先需要确认这些客户收支平衡的原因，或许是因为以下一个或多个原因：

（1）销量过低；

（2）售价过低；

（3）产品成本过高；

（4）服务成本过高。

研究表明，留住现有客户比获取新客户的成本要低得多，重要的一点是让 B 类客户能为公司贡献利润。组织可以考虑采取以下行动：

（1）针对小额订单或根据 B 类客户所要求产品或服务的特征收取附加费用；

（2）与 B 类客户携手合作，让他们取得更大的成功；

（3）为大额订单提供折扣；

（4）提高价格；

（5）改进成本管理和提高效率；

（6）促进客户改变自身行为，进而提升长期盈利能力。

对于 L 类客户，如何选择更为重要。第一步是审视 L 类客户为何会侵蚀利润。原因可能有很多，既有内部原因，也有外部原因。造成客户无利可图的内部原因可能与产品或服务的质量问题相关。当一个产品或服务未能达到客户的期望时，就很可能会消耗更多的公司资源。这种内部经营失败也是导致公司将逐渐丧失 B 类和 P 类客户的信号。另一方面，造成 L 类客户破坏公司利润的原因可能存在于公司外部，与客户的特定原因有关。公司可以考虑的行动选项包括了与针对 B 类客户所必须采取的行动相同的措施，如果这些行动不可行或预计对某类客户或客户类别无效，那么，可以考虑其他两个行动方案。

首先是将无利可图的客户外包或转手，比如银行将自己的分支机构出售给竞争对手。考虑这个行动时，公司应该将重点放在销售价格和买家的声誉上，虽然交易通常会带来一次性的现金流入，但公司则失去了客户未来的利润贡献。这一决定可视为是客户决定撤资，相关分析应采用现金流分析以及净现值或内部收益率。

另一个行动方案是放弃无利可图的客户，这是万不得已的解决方案。组织必须开展特别分析以确定放弃这类客户是否（在实际上）是合法的，符合道德并会增加利润。要认识到并不是所有分配给客户的成本都是可以避免，都会随着 L 类客户的消失而消失，这一点很重要。类似于客户的转手或外包，组织应该开展分析，使用贴现现金流分析来确定 L 类客户是否会对客户生命周期价值产生积极或消极影响。

出于几个原因，公司应该避免受到诱惑而放弃无利可图的客户。研究已经表明，与获取新客户相比（新客户也可能只是 B 类或 L 类客户），将 L 类客户转变为 P 类或 B 类客户的成本更低。不要一味指责 L 类客户，因为亏损可能是因为公司所采取的行动未能将客户购买的不同产品或服务功能的收入与成本匹配起来。事实上，L 类客户之所以与公司开展业务往来，可能是因为他们无法从公司竞争对手那里获取同样的产品或服务。

对 ABC 成本不要望文生义，这一点非常重要，因为 ABC 是一个完全吸收的成本核算系统。即使转手或放弃客户，但分配给这些客户的固定成本可能不会随之消失。例如，如果放弃一名客户预期并不会减少任何固定成本，那么，放弃客户的行为可能实际上会恶化公司的整体利润情况，因为这些客户的边际贡献已经不再存在，而所分配的固定成本依然存在，并且产能出现闲置。公司可能会立即采取行动，以 P 类客户取代 L 类客户，重新利用闲置的产能。公司也可能采取替代方案，决定处置闲置产能，消除相关成本。

随着新技术的引入，固定成本不断增长，产能管理变得至关重要。但是，ABC 成本的内在假设是管理层能够降低产能相关成本，组织应该重视这一点。应根据产能对管理层的响应情况（包括放弃客户），对产能相关成本进行评估。

基于上述考虑，与放弃客户相比，将 L 类客户转变为 B 类或 P 类客户的做法更为可取，也可能更有利可图。

（三）可持续发展战略

CPM 衡量数据能基于盈利能力对客户进行分类。管理层需要根据这些结果制定战略以留住 P 类客户，获取新的 P 类客户；与 B 类客户更紧密地合作，将他们转化为 P 类客户；对 L 类客户也采取类似的措施。将 B 类客户和 L 类客户转变为 P 类客户，组织需要全面审视定价、操作流程和客户行为。

提高现有客户的盈利能力,通过这种方式来管理客户盈利能力能够向上提升鲸鱼曲线以及海平面,如图 10 "提升现有客户的利润贡献"所示。

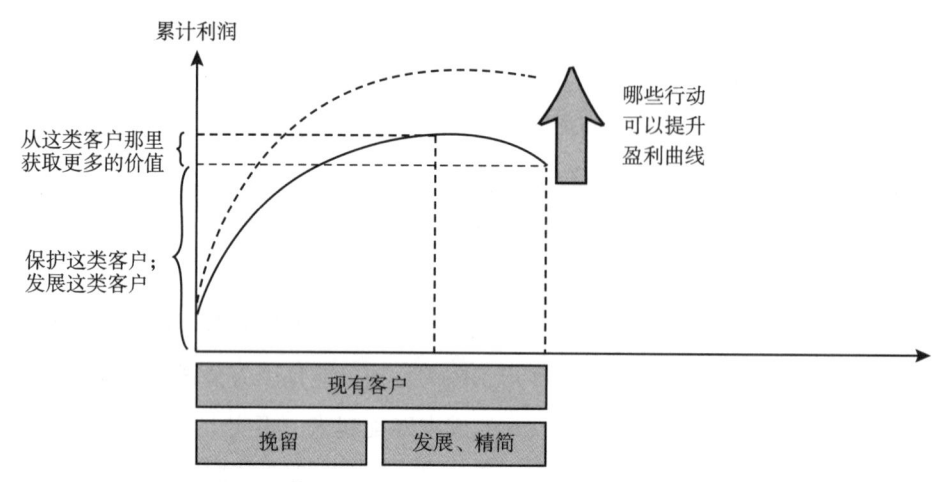

图 10 提升现有客户的利润贡献——采取行动以提升每个客户的利润贡献

版权© 2008 SAS Institute Inc.(gary.cokins@ sas.com)。版权所有,经授权使用。

根据 P 类客户的经济和市场特征来寻求有利可图的新客户是对 CPM 进行补充的另一种办法。图 11 "提升新客户的利润贡献"显示了获取有利可图的新客户可能给鲸鱼曲线带来的潜在影响。

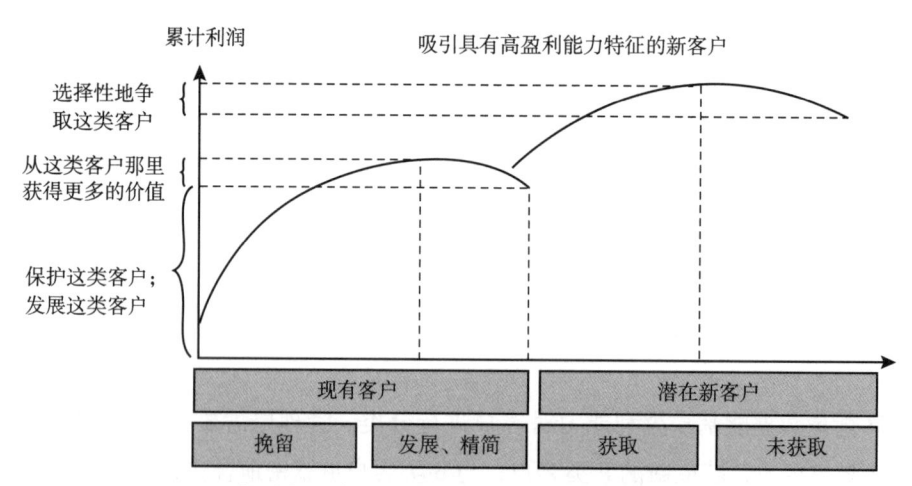

图 11 提升新客户的利润贡献——获取哪些类型的新客户

版权© 2008 SAS Institute Inc.(gary.cokins@ sas.com)。版权所有,经授权使用。

（四）战略意义

CPM 信号不是直接指明需要采取何种行动。行动的基础是针对组织正在考虑的决定所做的特定差异分析。组织根据 CPM 分析直接或间接做出大多数战略性决定，将给定价、经营或关系管理带来影响（Kaplan and Narayanan，2001）。反过来，定价和经营影响将进而影响到客户、公司的财务状况、现金流以及规划和预算编制。

公司可以根据客户的特征或行为模式对客户加以细分并审视和比较盈利能力，从而让公司深入了解如何更有效地管理客户盈利能力。

（五）定价决策

为了留住 P 类客户，公司可以提供产品或服务以巩固 P 类客户的忠诚度；此外，也可以提高产品或服务的价格，以此来降低 B 类和 L 类顾客的成本或增加收入。产品或服务的定价和捆绑销售问题不属于该 SMA 的讨论范围。

（六）经营决策

组织一旦针对质量提升、工艺改进、成本管理或定价做出决定，那么，这些决定对产品或服务线数量、时间安排、货物发送等方面造成的经营影响必须纳入经营计划之中。如果经营决策与战略缺乏一体性，那么，CPM 系统带来的好处可能会丧失。例如，如果扩大客户服务作业，为当前和潜在的 P 类客户提供扩展服务，那么，组织在制定扩大服务决策时就必须要考虑必要的训练或雇用更多人手。

（七）客户关系

在公司管理层决定投资以扩大客户群体之前，必须识别客户类型，应该根据预计的盈利能力情况来确定目标客户（Kaplan and Narayanan，2001）。这样做能避免事后才发现很多新客户不能贡献利润的情况。

对于现有客户，不断培育和发展与 P 类客户的关系，对公司的盈利能力尤为关键。通过重新定价、流程改进、改变订单规模或扩大其他利润更高的产品销售来管理 B 类客户关系，让这类客户能贡献更多利润，有望提高公司的盈利水平。在管理 L 类客户的盈利能力时，公司可以采取与 B 类客户类似的行动，除非公司决定逐步摆脱或放弃这类客户。即便在这种情况下，公司也应小心谨慎，维护自己在市场上的商誉和声誉。

（八）财务决策

战略对经营和定价决策产生的影响最终将体现在收入、费用和现金流上。因此，公司不仅要从经营角度，更要从财务角度来衡量这些决策所产生的影响。新的投资或撤资决定，包括对新客户投资或对 L 类客户撤资的决定，都必须纳入公司的资本预算，而现金流影响则必须纳入现金预算。通过实施 CPM 所形成的所有决定都应该纳入公司的规划、预算编制和预测流程。

（九）将 CPM 与绩效评价结合起来

作为一个系统，CPM 必须与公司的战略绩效评价系统（SPMS）结合起来，例如平衡计分卡（BSC）。如果没有，那么 CPM 战略的实施责任或将 CPM 目标纳入 SPMS 的整合责任就无法明确。

CPM 是以利润为导向的，因此能够与平衡计分卡的财务维度很好地匹配起来。利润、剩余收益（RI）或投资回报率（ROI）能将战略决策反映为 CPM 战略的一部分。这些衡量指标滞后于顾客维度的指标。例如，卡普兰（Kaplan，2005）建议使用无利可图客户百分比或无利可图客户关系造成的损失额这类指标。这类客户维度指标滞后于平衡计分卡的内部或经营维度的指标。

将客户衡量指标更为全面地分解为包括与分别 P 类、B 类、L 类客户相关的特定指标，这些指标应该反映与每个客户分组、具体目标、目标对象和举措有关的目标。虽然这些指标领先于财务结果，但却滞后于平衡计分卡的内部或经营维度的经营指标。经营指标本身滞后于基础架构、系统以及学习和成长维度的指标。这种模式强调了 CPM 战略是如何实施以及目标是如何实现的。

平衡计分卡和战略地图应该反映管理层针对 CPM 结果所设定的目标，并将焦点放在基础架构以及学习和成长维度的领先指标上。此类指标将包括 CPM 系统基础架构的开发、培训以及数据收集。这些指标将帮助组织形成必要的经营决策以反映它们在服务周期时间、客户服务、交付以及经营变化和调整方面产生的结果。反过来，这些结果将有助于提高 P 类客户的忠诚度，让组织更好地了解如何让 B 类和 L 类客户带来更多的利润。客户维度会形成利润、经济增加值（EVA）或投资回报率（ROI）等指标。

（十）培育一个以客户为核心的企业

通过实施 CPM 系统，组织能够使用基于客户的相关指标来管理业务，这些指标强调了实际的客户作业和行为。我们的目标是针对具有盈利贡献特征的客户，制定营销和挽留方案；审视重新定价、重新包装或其他经营或定价策略，以期将无利可图的客户转变为有利可图的客户。了解客户的盈利能力为组织提供了一个基础，可以据此打造一个以客户为中心的成功组织。

也许更为重要的是，一个 CPM 系统能够让整个组织更好地理解客户行为与客户盈利能力之间的关系，以及组织对客户行为的回应方式是如何影响客户盈利能力的。将 CPM 系统与战略绩效管理系统（SPMS，如平衡计分卡）结合起来，就可能将 CPM 融入企业的战略主流。

十二、行为考虑因素

在绝大多数组织中都存在抵制变革的现象，CPM 的引入也毫不例外。与任何管理举措一样，组织引入 CPM 需要智谋，需要管理人员和员工的参与，还需要强有力和有效的领导。管理层和员工的认同和接受是 CPM 成功实施的先决条件。此外，谨慎起见，组织应该让可能受到 CPM 实施工作影响的员工参与实施前的讨论和分析。如果行为问题处理不当，新的 CPM 系统可能无法实现预期效果。

（一）为 CPM 赢得支持

CPM 旨在改变组织在客户问题上的思考模式和方式，这意味着变革可能面临着潜在的强烈抵制。在变革时期，人们需要应对大量的不确定性，这可能导致员工反对甚至破坏 CPM 系统的实施工作。组织关于客户或细分客户盈利能力所形成的长期看法可能被 CPM 系统打破。销售或接触客户岗位的人员可能不愿相信新信息。如果没有得到有建设性和积极的考虑和处理，既得利益可能会导致员工阻挠 CPM 相关战略的实施。尤为重要的一点是，组织应该针对与此类变革相随的、无法避免的不确定性，培养对 CPM 新系统的学习和好问的态度，尽量降低人员的不安程度。

必须对各个级别以及各个部门的管理人员进行培训，学习如何与 CPM 系统进行交互，能够读懂报告并了解其影响。此外，他们还必须了解公司在 CPM 采用上的基本策略。如果没有形成这样的了解，没有获得员工关注，那么，CPM 系统将成为一个空有其表的摆设。

衡量和管理客户盈利能力的新方法，不仅要求组织关注管理人员和员工对变革的认同情况，同时还要求组织调整激励措施，将其与新的能最好地服务于公司的衡量管理系统匹配起来。组织可能有必要设置一个过渡期，以便管理人员和员工能够逐步适应并根据新系统的需要调整他们的行动。

（二）团队方式

为确保 CPM 战略发挥有效作用，公司应该采纳一种跨职能部门的团队观点，聚焦于客户，打破和跨越组织的传统职能界限，这一点非常重要。这种观点不仅对于 CPM 的设计而言是必不可少的，对于响应 CPM 系统所提供的信息而言亦是如此。

CPM 的实施工作要求采用团队方式，其成员包括营销、财务、信息技术以及运营部门的员工。在按职能划分的组织中，包括 CPM 项目负责人和团队的矩阵方式经常得到采用。如果所挑选的团队不够理想，其结果就是 CPM 系统反映更多的是妥协，而不是给公司带来的益处。CPM 项目团队不应该由任何一个职能部门主导，所有团队成员必须携手合作以确保有效和成功地推进实施工作。虽然跨职能部门的团队将涉及 CPM 系统的技术方面，但管理层需要积极地参与进来，对整个 CPM 项目进行监督（Rigby, Reichheld and Schefter, 2002）。

如果没有采用团队方式，那么，各个部门从各自利益角度出发对 CPM 结果数据进行解读的可能性就会有所增加，严重妨碍有效分析。某些管理人员试图以最有利于自己部门的形式来利用 CPM 结果，但却是以组织的最佳利益为代价的。例如，由于降低了客户服务水平，某个业务经理特定作业的作业动因率要低于一线部门的相关比率，该业务经理会认为交易的所有过程都要经过自己这个低成本的部门。我们再次强调，组织需要了解 CPM 系统是如何设计的，同时仔细考虑所有的决定提议，这样做对于克服自利的博弈行为大有帮助。

实施 CPM 要求针对 CPM 对员工的潜在影响进行全面透彻的分析，并制订计划以获取员工的真心支持和认同。如果通过内部方式实施，那么，组织应该从一开始就让管理人员和员工参与进来，以便获得他们的支持。即便是聘用了顾问，一个好的做法是组织应该确保顾问制定了有关如何赢得管理人员和员工支持的计划。实施团队应与最可能受到变革影响的人员之间保持经常性的沟通，这能为 CPM 系统赢得更多的支持和认同。

十三、结 束 语

客户盈利能力管理要求衡量客户的盈利能力。制定经营和营销战略来挽留有利可图的客户，获取新的有利可图客户，让盈亏平衡客户能够贡献更多利润，消除损失客户对利润的侵蚀，组织采取种种举措来提高自己的盈利潜能，而这些都可以通过 CPM 实现。

CPM 会消耗时间和资源。一半以上的实施失败都可部分归结于管理层对系统及其成本和时间要求缺乏了解（Rigby, Reichheld and Schefter, 2002）。然而一旦实施，CPM 将为组织打通新路径，以便理解客户与组织是如何互动的。组织将开始了解以有利可图的方式向客户提供价值时，什么能够发挥作用以及什么不能发挥作用。

若想攀登这个学习曲线，整个组织都需要充分的培训，学习成本核算和客户盈利能力管理的相关理念。若想 CPM 系统发挥预期的影响，所有员工，不论是前台员工还是支持部门员工，必须了解他们的日常行为是如何促进客户盈利能力的。

只有当所有员工了解了 CPM 系统及其结果，组织才能达到这一高度，即员工知道如何向客户提供价值，同时通过衡量客户盈利能力来平衡组织的利益。公司将向以客户为中心、盈利水平更高的组织转变。

术 语 表

作业成本动因（activity cost driver）：一个常见的分母，用于向成本对象分配作业成本或作业成本库。作业成本动因存在于内部或外部交易数据中，包括订单数量、退货数量、设置时间或者已兑现的支票数量之类的项目。它是指特定时间段内某项作业的预计产能或实际产能。

作业成本库（activity cost pool）：某项作业或某组作业所消耗的资源成本，其中，成本对象消耗的资源比例大致相同。

应用服务提供商（application service provider，ASP）：也称为软件即服务（SaaS），是指外包或托管的客户盈利能力系统或其他类型的应用程序。这种方法要求公司向第三方供应商提供公司数据，由第三方供应商在其计算机上运行成本核算和盈利能力系统，生成结果表格和报告。

业务算法或规则（business algorithms or rules）：由盈利能力引擎所执行的、为得出客户盈利能力的计算。业务规则或算法的文档记录应该包括任何上游的依赖关系、所有输入字段、过滤器、查找表和连接、对输入数据执行的操作以及结果的存储位置等。

核心应用系统（core application system）：针对许多类型的计算机信息系统的术语，通常是指（但不一定非得是）基于大型计算机的信息系统，公司利用它们来记录所有类型的原始采集信息，包括交易数据和财务数据。该术语通常不包括总账财务体系、公司的财务记录储存库。

成本动因率（cost driver rate）：作业成本库除以作业的成本动因估计数（或产能）。这是一种应用于成本对象（基于成本对象所消耗的作业量）的比率。

成本对象（cost object）：成本核算目的的对象，如产品、产品线、服务、客户、客户账户、细分客户、部门、工厂或地理区域。

客户（customer）：客户的定义因行业而异。比如对便利店来说，客户可以是现金或银行卡交易，也可以是一个可以保存每个客户交易情况的账户，如百货公司的打折卡或银行的支票账户。

客户成本（customer costs）：分配给客户（或细分客户）的成本，包括产品和服务线的直接成本以及间接和分摊成本；通常称为服务成本。

客户毛利（customer gross margin）：净收入减去分配给客户（或细分客户）的产品或服务线成本。

客户利润（customer margin）：等于客户毛利减去服务成本，其中包括获取订单、履行订单、客户支持和服务成本等项目。这是在扣除企业维持成本和所得税之前归属于客户（或细分客户）的利润。

客户净利（customer profit）：等于客户利润减去所分配的企业维持成本和所得税；即客户（或细分客户）的税后净收益（NIAT）。

细分客户（customer segment）：将具有特别相似之处的客户集中到一个组别，即所谓的客户细分。每类细分客户或客户群是基于某个维度或权益的性质。例如，一家便利店可以按一天之中的时间、采购类型、采购规模以及频率来细分客户。

数据字典（data dictionary）：核心应用系统的文档记录，它定义了表格、字段以及表格与字段之间的关系。在将 ABC 成本和盈利能力数据要求与核心应用系统中的可用数据匹配起来时，数据字典是必须查阅的资源。

数据仓库（data warehouse）：从公司各个不同的计算机系统收集数据，而后将其中部分甄选数据集中放置的地方。仓库内的数据往往可以通过易于使用的查询和报告工具来进行访问。如果拥有数据仓库，那么，它将是 ABC 和盈利能力数据的方便来源。

交付渠道（delivery channel）：客户与公司的互动方式，即客户的"接触点"。零售商店和网站是两种交付渠道。需要注意的是，不同渠道的销售和服务成本存在显著差异。

交付渠道的迁移（delivery channel migration）：鼓励公司客户使用或迁移至成本较低或首选的交付渠道。例如，一家零售公司可以考虑相关战略来鼓励客户通过网站进行购买，而不是通过零售商店。

层级结构表（hierarchy tables）：层次结构表是一个文件，它显示了分组是如何向上滚动、集合或合并为更高级别的分组，而后可以更进一步地合并为再高级别的分组。CPM 常见的层次结构表是产品、客户、组织和作业层次结构表。

家庭（household）：将相关客户账户合并为一个组，称为一个家庭或关系。例如，丈夫账户的盈利能力和妻子账户的盈利能力能合并构成家庭总的盈利能力。

多维度盈利能力（multidimensional profitability）：针对同一个盈利能力数据库能够从不同的维度展示盈利能力，如客户盈利能力、产品盈利能力、经营行业盈利能力、区域盈利能力等。这是使用不同的方法对同一个事物进行衡量，进而形成了盈利能力恒等式：客户账户总盈利 = 产品账户总盈利 = 组织账户总盈利。

产品（product）：在成本核算和 CPM 系统中运用到的最低级别的产品。虽然产品似乎是显而易见的，但是在开发 ABC 成本之前，必须对产品进行定义和确定。在通常情况下，可行的做法是将几个适用同一成本动因率的相似产品合并为更高层级的成本核算产品，以此来减少复杂性和降低维护成本。如果这样，那么应该制定一个产品层级机构表。

盈利能力计算引擎（profitability calculation engine）：一个关系数据库，按照客户或用户来定义计算，以期获得客户的盈利能力状况。

关系（relationship）：请参见家庭。

重复性（repeatability）：不管系统运行了多少次，都具有输入相同数据得出相同结果的能力。如果输入数据相同，但结果却不同，那么 CPM 系统是不可使用的。

软件即服务（software as a service，SaaS）：请参见应用服务提供商（ASP）。

CPM 系统的可持续性（CPM system sustainability）：每个时期按计划运行 CPM 系统的能力；系统设计应该考虑 CPM 结果的及时交付问题（例如，没有人工操作流程）。

时间驱动作业成本（time-driven activity-based costing，TDABC）：按时间确定产能，并根据每单位作业所消耗的时间将每单位时间的成本分配给所执行的每单位作业，从而对所消耗资源的成本进行分配，这是通过直接观察和抽样来确定的。这种方法避免了广泛使用调查，ABC 系统常借助这种方法将资源成本分配给作业。此外，它还强调了未利用产能的相关成本。

交易数据（transaction data）：交易时所收集的非财务数据，常包含交易地点、产品和客户账户等识别性特征。

鲸鱼曲线（whale curve）：一个显示客户累积盈利能力的曲线图；对客户进行排序，从最有利可图的客户到最无利可图的客户；盈利能力以数额或占公司总利润的百分比来表示。

参 考 文 献

Alger, Mike. June, 2003. Managing a Business as a Portfolio of Customers. *Strategic Finance.*

Cokins, Gary. 2003. *Are All Your Customers Profitable to You? SAS White Paper.*

Cokins, Gary. 2006. *Implementing Activity-Based Costing*, IMA Statement on Management Accounting, Institute of Management Accountants.

Cokins, Gary. 2008. *Why Don't Companies Measure Customer Profitability?* SAS Weblog, http：//blogs.sas.com/cokins/index.php?/archives/73-Why-Dont-Companies-Measure-Customer-Profitability.html.

Epstein, Marc J., Michael Friedl, and Kristi Yuthas. December, 2008. Managing Customer Profitability. *Journal of Accountancy.*

Johnson, Lauren Keller. 2006. Best Buy：Putting Customers First-with the BSC. *Balanced*

Scorecard Report, Harvard Business School Publishing Corporation.

Kaplan, Robert S. and V. G. Narayanan. May, 2001. *Customer Profitability Measurement and Management*. Harvard Business School Publishing Corporation.

Kaplan, Robert S. July-August, 2005. Add a Customer Metric to Your Balanced Scorecard. *Balanced Scorecard Report*. Harvard Business School Publishing Corporation.

Kaplan, Robert S. and Steven R. Anderson. November, 2004. Time-Driven Activity-Based Costing. *Harvard Business Review*.

Kaplan, Robert S. and Steven R. Anderson. July, 2003. *Drive Growth with Customer Profitability Management*. White Paper, Acorn Systems.

Norton, David P. and Sir Richard Heygate. July, 2005. Putting Customer Understanding at the Heart of Your Strategy. *Balanced Scorecard Collaborative*, Article Reprint B0507C, Harvard Business School Publishing Corporation.

Pfeifer, P. E., M. E. Haskin, and R. M. Conroy. Spring, 2005. Customer Lifetime Value, Customer Profitability, and the Treatment of Acquisition Spending. *Journal of Managerial Issues*.

Rigby, Darrell K., Frederick F. Reichheld, and Phil Schefter. February, 2002. Avoid the four perils of CRM. *Harvard Business Review*. Harvard Business School Publishing Corporation.

Searcy, DeWayne L. Winter, 2004. Using Activity-Based Costing to Assess Channel/Customer Profitability. *Management Accounting Quarterly*.

Selden, Larry and Geoffrey Colvin. 2003. *Killer Customers*: Tell the Good from the Bad-and Crush Your Competitors, Penguin Group (USA) Inc. (Previously published in the U. S. as *Angel Customers and Demon Customers*: Discover Which Is Which and Turbo-Charge Your Stock).

附录1 CPM框架应用示例

下文的简单示例说明了CPM实施框架的主要内容。本案例取自银行和信用合作社行业。

（一）决策阶段

在决策阶段，组织探究了实施CPM系统的价值和原因，分析并得出财务结论，做出实施或不实施的决定。本阶段的重要工作是确定 CPM 系统的目标。

1. 目标

本案例将客户盈利能力用于以下方面：

（1）利用客户盈利能力来了解细分客户及其行为；

（2）设计营销和定价方案、客户保有计划，并基于这样的认识来设计流程变革；

（3）衡量这些方案是否得到成功实施并衡量客户盈利能力的变化；

（4）重复。

2. 其他需要考虑的事项

（1）实施和维护 CPM 系统所需的财务和人力资源；

（2）预期收益以及衡量成功与否的指标；

（3）满足基本宗旨、符合 IT 资源以及其他约束的系统选项。

（二）奠定基础阶段

在奠定基础阶段，组织确立了成本对象并定义了客户、产品和交付渠道。此外，还需确定盈利能力原则、方法以及需要处理的会计问题的难度。

本案例中，银行提供两种产品（服务线），实施四项作业及通过两个渠道来向客户交付产品（服务线）。

1. 成本对象

客户账户（例如支票账户、汽车贷款账户、储蓄账户、按揭贷款账户）。

2. 两种产品

（1）贷款产品（如汽车贷款）；

（2）存款产品（如支票账户）。

3. 四项作业

（1）开立存款或贷款账户；

（2）向存款账户存入资金；

（3）从存款账户提取资金；

（4）贷款账户还款。

4. 两个交付渠道

（1）分支机构；

（2）ATM（自动取款机）。

（三）交易数据

在交易数据阶段，组织需要设计以及从现有 IT 系统中采集所需的主要（如果不是全部）成本对象数据。上一阶段所界定的产品、作业和交付渠道依赖于为之提供支持的数据是否可以生成或获取。另一方面，上述产品、作业和渠道决定了组织需要寻找和采集的交易数据。奠定基础阶段与交易数据阶段是完全关联的。

成本对象（客户账户）所需的交易和财务数据

（1）开立账户（新账户）的日期；

（2）该账户通过交付渠道进行存款的次数；

（3）该账户通过交付渠道进行取款的次数；

（4）该账户通过交付渠道偿还贷款的次数；

（5）账户余额、账户利息以及开户费用。

（四）客户成本

在成本核算阶段，组织将总账财务数据转化为成本库，而后根据上一阶段提供的交易数据计算成本动因率，并将其应用于奠定基础阶段所界定的成本对象、产品、作业和交付渠道。

本案例通过四个步骤来确定客户成本：

（1）将总账费用分配到作业发生和资源消耗的部门；

（2）推导每个部门的作业成本库并用于计算成本动因率；

（3）将每个部门的作业成本库除以本部门的交易总数（作业动因），得出成本动因率；

（4）将部门的成本动因率汇总为一个总的成本动因率并应用于成本对象。

成本对象数据文件

账户编号	类型	姓名	账户余额（美元）	利息收入或（费用）（美元）	费用（美元）	本月开户	通过分支机构提款次数	通过ATM提款次数	通过分支机构存款次数	通过ATM存款次数	通过分支机构偿还贷款次数	通过ATM偿还贷款次数
101	存款	客户1	1500	(4)	15	0	1	3	1	0	n/a	n/a
102	存款	客户2	15250	(38)	35	1	3	0	2	0	n/a	n/a
103	存款	客户2	1135	(3)	15	0	0	4	0	1	n/a	n/a
201	贷款	客户1	10000	67	—	0	n/a	n/a	n/a	n/a	1	0
202	贷款	客户2	35000	233	—	1	n/a	n/a	n/a	n/a	1	0
…	…	…	…	…	…	…	…	…	…	…	…	…
银行总计			99500000	3325000	1125000	125	5120	9580	4899	859	2000	500

a. 按照部门归集总账费用

单位：美元

项目	分支机构	ATM	支持部门	企业维持费用	银行总计
薪资	250000	50000	315000	200000	815000
设施	125000	45000	125000	75000	370000
设备	50000	25000	52000	5000	132000
物料	25000	15000	35000	2500	77500
其他	15000	5000	45000	10000	75000
部门总计	465000	140000	572000	292500	1469500

b. 推导部门的作业成本集合

组织可以采用多种方法将总账费用转换为多种形式的有用的作业成本库。我们这里使用简单的 ABC 方法来估计部门将资源用于每项作业的百分比。本案例假设在奠定基础阶段所界定的四项作业消耗了银行除企业维持成本以外的所有费用。

作业	←分支机构→ 消耗资源占比(%)	年度成本库(美元)	←ATM→ 消耗资源占比(%)	年度成本库(美元)	←支持部门→ 消耗资源占比(%)	年度成本库(美元)	企业维持费用(美元)	银行总计(美元)
开立账户	25	116250	n/a		12	68640		
通过分支机构取款	35	162750	n/a		30	171600		
通过分支机构存款	35	162750	n/a		30	171600		
通过分支机构偿还贷款	5	23250	n/a		7	40000		
通过ATM取款	n/a		80	112000	15	85800		
通过ATM存款	n/a		15	21000	4	22880	292500	1469500
通过ATM偿还贷款	n/a		5	7000	2	11440		
总计	100	465000	100	140000	100	572000		

c. 将每个部门的作业成本库除以该部门的交易总数

用所有客户账户执行某项作业的全部交易除以该部门的作业成本集合，得出该项作业的成本动因率。虽然计算使用的是部门所执行的交易总数，但必须针对每个客户账户（成本对象）获取同样的作业动因数据，否则，成本动因率是不可用的。

作业	←分支机构→ 年度成本集合(美元)	交易数量×12个月	成本动因率(美元)	←ATM→ 年度成本集合(美元)	交易数量×12个月	成本动因率(美元)	←支持部门→ 年度成本集合(美元)	交易数量×12个月	成本动因率(美元)
开立账户	116250	1500	77.50				68640	1500	45.76
通过分支机构取款	162750	61440	2.65				171600	61440	2.79
通过分支机构存款	162750	58788	2.77				171600	58788	2.92
通过分支机构偿还贷款	23250	24000	0.97	114960		0.97	40040	24000	1.67
通过ATM取款				112000	10308	2.04	85800	114960	0.75
通过ATM存款				21000	6000	1.17	22880	10308	2.22
通过ATM偿还贷款				7000			11440	6000	1.91
总计	465000			140000			572000		

d. 将部门的成本动因率汇总为一个总的成本动因率，并应用于成本对象

不同的部门构成了某项作业的流程链，应该将这些部门的成本动因率汇总起来，以得出该项作业总的成本动因率。

单位：美元

作业	分支机构	ATM	支持部门	总的成本动因率
开立账户	77.50		45.76	123.26
通过分支机构取款	2.65		2.79	5.44
通过分支机构存款	2.77		2.92	5.69
通过分支机构偿还贷款	0.97		1.67	2.64
通过 ATM 取款		0.97	0.75	1.72
通过 ATM 存款		2.04	2.22	4.26
通过 ATM 偿还贷款		1.17	1.91	3.07

（五）业务算法和盈利能力信息

随着奠定基础阶段的结束，组织完成了交易数据的收集和采集工作，推导出成本动因率，现在，组织可以确定客户账户（成本对象）的盈利能力。然而在计算盈利能力之前，组织还必须开发业务算法。在经过全面测试以后，CPM 系统就可以定期运行，通常在每月或每个季度，生成客户当前的盈利能力信息和报告。

本案例通过三步骤流程来确定客户账户（成本对象）和客户盈利能力：

（1）计算每个客户账户的作业成本；
（2）计算每个客户账户的盈利能力；
（3）将每个客户账户的盈利能力数据汇总得出客户总的盈利能力。

a. 计算每个客户账户的成本

作业	成本动因率（美元）	账户#101 客户1 交易数量	账户#101 客户1 每月成本（美元）	账户#102 客户2 交易数量	账户#102 客户2 每月成本（美元）	账户#103 客户2 交易数量	账户#103 客户2 每月成本（美元）	账户#201 客户1 交易数量	账户#201 客户1 每月成本（美元）	账户#202 客户1 交易数量	账户#202 客户1 每月成本（美元）
开立账户	123.26	0	—	1	123.26	0	—	0	—	1	123.26
通过分支机构取款	5.44	1	5.44	3	16.33	0	—	n/a	n/a	n/a	n/a
通过分支机构存款	5.69	1	5.69	2	11.37	0	—	n/a	n/a	n/a	n/a
通过分支机构偿还贷款	2.64	n/a	n/a	n/a	n/a	n/a	n/a	2.64	1	2.64	
通过 ATM 取款	1.72	3	5.16	0	—	4	6.88	n/a	n/a	n/a	n/a

续表

作业	账户#101 客户1 成本动因率（美元）	账户#101 客户1 交易数量	账户#101 客户1 每月成本（美元）	账户#102 客户2 交易数量	账户#102 客户2 每月成本（美元）	账户#103 客户2 交易数量	账户#103 客户2 每月成本（美元）	账户#201 客户1 交易数量	账户#201 客户1 每月成本（美元）	账户#202 客户1 交易数量	账户#202 客户1 每月成本（美元）
通过ATM存款	4.26	0	—	0	—	1	4.26	n/a	n/a	n/a	n/a
通过ATM偿还贷款	3.07	n/a	n/a	n/a	n/a	n/a	n/a	0	—	0	—
客户总成本*			16.29		150.96		11.14		2.64		125.90

* 客户总成本包括产品成本和所有服务成本。

b. 计算每个客户账户的盈利能力

盈利能力计算需要的额外数据：

资金贷款成本（注1）	6.5%（年率）
存款收益（注1）	6.5%（年率）
贷款损失准备率（注2）	0.6%（年率）
公司间接费率（注3）	24.9%
税率	35.0%

注1：银行和信用合作社使用"资金转移定价"（FTP）管理会计方法来计算存款和贷款余额的内部资本收益或资本成本。银行向存款产品支付利息（利息支出），但是通过存款筹集的资金也给银行带来了收益，因此，所提供的资金能够获取内部收益。银行向客户提供贷款并因此向客户收取利息（利息收入），但是银行也要承担所用资金的成本，因此，需分配并承担相关资金的内部成本。在这个简单的案例中，我们只使用了一个资金利息率和一个资金费用率，但在实际业务中，这些费率将随着账户预计期限的变化而变化。

注2：银行针对贷款产品的违约风险收取了贷款损失准备，这类似于保险费（计算公式是贷款余额×贷款损失准备率）。在这个简单的案例中，我们只使用了一个贷款损失准备率，但更为普遍的情况是，这个比率会因产品风险、个人客户风险（例如信用分数）、银行针对客户总的风险敞口以及其他因素的不同而有所差异。

注3：推导企业维持费用率：

不包含企业维持成本的总费用：1177000美元

企业维持成本：292500美元

公司管理费率：24.9%

客户账户盈利能力

单位：美元

账户编号	101	102	103	104	105	201	202	203	204	205
客户姓名	客户1	客户2	客户2	客户3	客户4	客户1	客户2	客户2	客户4	客户3
产品	存款	存款	存款	存款	存款	贷款	贷款	贷款	贷款	贷款
账户余额	1500	15250	1135	35250	215	10000	35000	1500	500	85000
利息收入或（费用）	(3.75)	(38.13)	(2.84)	(88.13)	(0.54)	66.67	233.33	10.00	3.33	566.67
（资金成本）或资金收益	8.13	82.60	6.15	190.94	1.16	(54.17)	(189.58)	(8.13)	(2.71)	(460.42)
贷款损失准备费用	—	—	—	—	—	(5.00)	(17.50)	(0.75)	(0.25)	(42.50)
净利息收入	4.38	44.48	3.31	102.81	0.63	7.50	26.25	1.13	0.38	63.75
费用	15.00	35.00	15.00	10.00	35.00	—	—	25.00	—	—
收入总额	19.38	79.48	18.31	112.81	35.63	7.50	26.25	26.13	0.38	63.75
客户总成本	16.29	150.96	11.14	44.27	17.12	2.64	125.90	3.07	3.07	2.64
账户利润	3.08	(71.48)	7.17	68.54	18.51	4.86	(99.65)	23.05	(2.70)	61.11
企业管理费用	4.05	37.52	2.77	11.00	4.25	0.66	31.29	0.76	0.76	0.66
税前收入	(0.96)	(109.00)	4.40	57.54	14.26	4.21	(130.93)	22.29	(3.46)	60.46
税费	(0.34)	(38.15)	1.54	20.14	4.99	1.47	(45.83)	7.80	(1.21)	21.16
账户净利润	(0.63)	(70.85)	2.86	37.40	9.27	2.73	(85.11)	14.49	(2.25)	39.30

客户盈利能力（属于客户的全部账户）

单位：美元

项目	客户1	客户2	客户3	客户4	客户5	客户6	客户7	客户8	客户9	客户10
收入总额	26.88	150.16	176.56	36.00	48.90	31.79	13.83	86.56	156.68	45.85
客户总成本	18.93	291.07	46.91	20.19	295.08	36.33	20.55	54.62	332.35	37.65
账户利润	7.95	(140.91)	129.65	15.81	246.18	(4.54)	(6.71)	31.95	(175.66)	8.19
企业间接费用	4.70	72.33	11.66	5.02	73.33	9.03	5.11	13.57	82.59	9.36
税前收入	3.24	(213.24)	118.00	10.79	(319.51)	(13.56)	(11.82)	18.37	(258.26)	(1.17)
税费	1.14	(74.63)	41.30	3.78	(111.83)	(4.75)	(4.14)	6.43	(90.39)	(0.41)
客户净利润	2.11	(138.61)	76.70	7.02	(207.68)	(8.82)	(7.68)	11.94	(167.87)	(0.76)

（六）战略集成

由于本案例中的数据过于简单且数量有限，所以在形成任何战略举措时（例如客户保有方案），我们是基于某个时期只有几名客户的简单情况。若想了解战略集成的详细内容，请参阅本公告战略集成部分的讨论。

附录 2　管理会计师需要考虑的技术事项

构建 CPM 信息系统需要大量的技术支持，所以，组织自然而然地选择将系统的技术工作交由专家（信息技术团队）完成。这是一个错误的决定。虽然技术专家了解信息系统和数据库结构，但他们需要确切地知道应该将什么内容纳入 CPM 系统。为此，他们要借助管理会计师的帮助。

本附录讨论了在建立 CPM 系统时管理会计师需要考虑的一些技术事项。管理会计师在这些技术问题上的参与程度因公司而异，并且取决于公司是选择内部开发系统抑或外包系统。

（一）选择成本核算和盈利能力系统

IT 团队将根据公司的计算资源和技术能力来决定最合适的技术方法，而管理会计师将提供 CPM 系统的规格和要求，即系统必须完成什么工作。系统规格和要求是通过奠定基础阶段、客户成本阶段和交易数据阶段确定的。管理会计师应该确保数据库、计算引擎以及 IT 团队所选择的硬件能够满足这些要求。

（二）采集数据

管理会计师应该积极协助 IT 团队来设计如何从核心应用系统中采集数据。这包括了采集什么数据、在数据加载之前是否涉及任何数据操作或预处理工作，将数据加载到 CPM 数据库的什么地方以及有什么生产要求（例如，每月一次，在第五个工作日）。

一个关键步骤是选择核心应用系统（或数据仓库）中的数据库字段并导入 CPM 数据库。核心应用数据库字段的描述存储于数据字典中，它定义了核心应用数据库的结构以及所有的表格和字段。然而不幸的是，数据字典太过隐晦，常常过时，而且 CPM 系统规格难以做到完美。IT 技术人员可能会按照自己的想法来弥补这两方面之间的欠缺。虽然 IT 技术人员的本意是好的，但管理会计师积极参与这一过程，将能避免错误的 IT 假设渗入到 CPM 设计工作中去。

要对人工收集数据和人工系统进程保持谨慎，我们强烈建议不要这么操作。人工收集和操作数据很容易出现延迟和错误，其中涉及的最大问题是错误。所有数据采集工作和所有系统流程都应该实现自动化，这对于确保 CPM 系统的可持续性和重复性大有帮助。

（三）数据表

CPM 系统的核心是一个关系数据库，它使用各种数据库表格（或文件）和字段（或列）。组织必须记录每个表格的结构，定义表格的字段、字段名、每个字段的数据类型和长度以及字段顺序。此外，还必须界定数据库中各个表格之间的关系。通常由 IT 团队提供文档记录，并将其作为系统设计的一部分。管理会计师应该熟悉系统设计文档，并确保它能满足奠定基础、成本核算和数据阶段所定义的需求。

管理会计师可能需要提供和维护参数及参考表中的常数。参数和参考表属于查找表，它们为盈利能力计算引擎提供变量和常数。例如，应收账款余额的资金成本利率就存储在参数表中。

（四）数据的预处理

在加载成本对象数据之前对其进行操作将降低 CPM 计算引擎处理内容的复杂性，加快处理速度。在从核心应用系统提取数据时，只要情况允许，我们鼓励组织对成本对象数据进行简单的计算。IT 团队中负责制定数据提取程序的人员可能不主张这么操作，认为如果这些计算是在 CPM 数据库中进行，那么他们的提取设计就会更加简单。从长期来看，更好的做法是将数据加载到 CPM 数据库之前，在数据提取程序中对数据进行简单的计算预处理。

例如，在核心应用系统中，某个作业动因可能有几种不同类型可选（例如颜色），但如果业务算法使用的是作业动因的总交易数，而不是按照类型（颜色）分类的计数，那么，应该计算并加载到 CPM 系统中的是作业动因的总交易计数，而不是各个类型（颜色）的计数。这样操作缩小了 CPM 数据库的规模，计算引擎无须将作业动因按类型的计数汇总为作业动因的总交易计数。

（五）业务算法排序

盈利能力计算引擎必须按指定顺序执行业务算法，我们将这一顺序称为排序或排程。通常，规模较大的盈利能力系统会采用某种规则排序软件，如大型或中型计算机的排程软件包。规模较小的 CPM 系统通常按照线性执行方式进行设计。

管理会计师需要为 IT 团队提供业务算法的执行顺序。最好的做法是在业务算法的设计和记录阶段就确定它们的顺序。虽然算法的执行顺序不正确会给盈利能力结果造成毁灭性的影响，但通过全面测试成本核算和 CPM 系统，组织应该能发现这些错误。

规模较大的盈利能力系统使用排程软件，这为它们提供了一个优势，可以通过此类软件提供的灵活性，根据生产制约因素来重新安排算法的执行顺序。复杂的排程软件能保持业务算法的相互依赖关系，同时根据核心应用数据的接收情况或其他方面的考虑来重新安排业务算法的执行顺序。

（六）业务算法的文档记录

管理会计师将承担业务算法和所有业务逻辑的文档记录工作。IT 团队将利用已确立的文档记录政策和程序来记录 CPM 系统的 IT 内容，其中包括关系数据库的设计，但通常不包含业务算法以及盈利能力逻辑。在这一方面，Excel 具有相似性，关于 Excel 如何工作的文档记录多不胜数，然而，如果别人使用 Excel 中设计的任何电子表格，就应该记录自己的计算和公式。

涉及上百个成本核算和业务算法已经够复杂了，它们与数据源表格和字段的关系更是增加这种复杂性。正确的文档记录将确保业务算法及其排序的合理性，同时为系统维护、系统升级和系统测试提供非常大的帮助。附图 1 "业务规则文档"提供了一个示例来说明业务算法及其相互依赖关系的记录工作。

规则	规则名称	规则的相互依赖性	方法	表格.字段	来源
销售收入	SALE_REV	无	+在线销售折扣 +目录销售折扣 +销售人员折扣 =总销售折扣	SALES.SALESTR SALES.SALEONL SALES.SALECAT CUSTOMER.TOT_SALES	核心应用程序 核心应用程序 核心应用程序 计算
销售折扣	SALE_DISC	无	商店销售折扣 +在线销售折扣 +目录销售折扣 +销售人员折扣 =总销售折扣	SALES.SALESTRDISC SALES.SALEONLDISC SALES.SALECATDISC SALES.SALEFRCDISC CUSTOMER.TOT_DISCOUNT	核心应用程序 核心应用程序 核心应用程序 核心应用程序 查找 计算
逾期利息收入	PAST_DUE_INTINC	无	逾期余额 × 逾期天数 × 每日逾期利率 = 逾期利息收入	SALES.PASTDUEBAL SALES.PASTDUEDAYS CONSTANTS.PAST_DUE_INT_RATE CUSOMTER.INTEREST_INCOME	核心应用程序 核心应用程序 查找 计算
逾期资金成本	PAST_DUE_INTEXP	PAST_DUE_INTINC PAST_DUE_INTEXP	逾期余额 × 逾期天数 × 逾期利息每日资金成本 = 逾期利息资金费用	SALES.PASTDUEBAL SALES.PASTDUEDAYS CONSTANTS.PAST_DUE_EXP_RATE CUSOMTER.INTEREST_EXPENSE	核心应用程序 核心应用程序 查找 计算
逾期净利息	PAST_DUE_NETINT	SALE_REV SALE_DISC PAST_DUE_NETINT	逾期利息收入 -逾期利息资金费用 =逾期利息净收入	CUSOMTER.INTEREST_INCOME CUSOMTER.INTEREST_EXPENSE CUSTOMER.NET_INTEREST	计算 计算 计算
总收入	TOTAL_REV		总销售额 -总销售折扣 +逾期利息净收入 =总收入	CUSTOMER.TOT_SALES CUSTOMER.TOT_DISCOUNT CUSTOMER.NET_INTEREST CUSTOMER.TOT_REV	计算 计算 计算 计算

附图 ■ **业务规则文档**

数据库中的每项记录依次通过每条业务规则进行处理

(七) 系统维护、升级和完善

一旦投入应用，CPM 系统需要持续的维护以及偶尔的升级和完善。在系统的决策阶段，组织需要考虑维持 CPM 系统生产状态所需的资源投入并将其纳入预算。

CPM 系统的维护工作需要尽心尽责。如果核心应用程序或向 CPM 数据库提供数据的总账系统发生变化，那么，组织必须对相关变化进行权衡，如果需要，就要对成本核算和 CPM 系统做出调整并进行测试。在奠定基础阶段建立的所有 CPM 层次结构必须保持最新，如产品、交付渠道以及客户层次结构。同样，参考和查找表也必须保持最新并且确保无差错。

客户盈利能力和成本核算系统，无论是外购或内部开发的，都需要安装软件升级并进行测试。如果影响盈利能力计算的流程发生变化或者之前不可获取的数据现在可以获得，那么，组织应该对系统进行完善，且任何完善工作都需要得到设计、记录、实施和测试。

评论

从"二八法则"谈客户盈利能力管理
——评《客户盈余能力管理》

郭永清

很高兴看到本篇公告,笔者结合教学与研究,讲讲自己的一些想法。

一、客户盈余能力计量难题

"二八法则"也叫帕累托定律,是19世纪末20世纪初意大利经济学家帕累托发现的。"二八法则"认为,在任何一组东西中,最重要的只有大约20%,其余80%尽管是多数,却是次要的。"二八法则"反映了一种不平衡性,但却普遍存在于社会、经济及生活中:商家80%的销售额来自20%的商品;市场上80%的产品可能是20%的企业生产的;厂家80%的利润是由20%的客户创造的;在销售公司里,20%的推销员带回80%的新生意;等等。这一法则告诉我们,原因和结果、投入和产出、努力和报酬之间并非是对等的。在商业世界中,遵循"二八法则"的企业在经营和管理中往往能抓住关键的少数顾客,精确定位、加强服务,因而达到事半功倍的效果。

既然企业80%的利润都是由20%的客户带来的,就有必要对客户进行分类管理,留住盈利客户、改进微利客户、剔除亏损客户,以提升企业的利润。上述道理显而易见,然而,紧接着的一个问题就是:在所有客户中,哪些属于20%的客户呢?这个问题在各类著作中很少能找到回答,因为没办法解决客户成本的计量问题。公司经常依据产品的平均成本定价,但是价格很少能反映向具体客户提供产品和服务的所有成本。

在笔者的教学经验中,成本会计主要涉及产品或者服务成本的核算以及管理,很少涉及对客户成本的核算以及管理问题。多数人往往认为所有客户一样重要,所有生意、每一种产品都必须付出相同的努力。但麦肯锡公司与哈佛商学院教师的合作研究表明,服务不同客户的成本差别高达30%,这使一些客户具有可盈利性而另一些则不能。有些客户是负值客户，他们会不断地消耗企业资源。另外，对于企业来说，服务于小客户和服务于大客户花费的时间、精力等是同样的，但收益并不对等。因此，客户不在多少，关键在于质。想把所有精力平均分配给每一位客户是不可取的，20%客户决定了80%的绩效，80%的价值由20%的客户创造，只有将有限的精力和资源投放在那些能带来利润的关键客户身上，才能取得显著成效。

而按照管理大师德鲁克的观点，企业整体就是一个利润中心，企业内部没有成本中心、利润中心——企业所有的利润都来自客户。任何一个企业要生存，都依赖于产品/服务的销售和降低产品/服务成本。而客户是产品/服务销售的对象，所以客户是企业利润的来源，客户满意是企业构建核心竞争能力的首要因素。客户对企业的成功至关重要，以"顾客驱动"为目标的企业组织越来越多，管理会计人员也应树立以客户为中心的意识。因此，客户管理构成企业发展的重点战略，客户盈利能力管理又是重中之重，成为一项与战略有关的措施。

问题的核心依然在于：如何计量客户的盈利能力？笔者根据之前的教学和研究认为，管理会计和其他学科最大的区别，就在于会计的计量属性。管理会计可以解决营销管理学无法解决的计量问题。从这个角度来说，管理会计在企业中可以进行很多跨学科、跨部门的应用，可以与公司战略管理、预算管理、项目管理、绩效管理等进行有效结合。但管理会计不是"强权"，这些结合应用不是要用管理会计替代其他学科和其他企业部门职能，而是通过管理会计的计量工具、技术和方法，解决其他学科和其他部门无法解决的计量问题。

二、公告给出解决方案

如何计量客户盈利能力是一个一直萦绕在笔者脑海的问题，因此，当笔者看到本篇公告时，眼睛为之一亮，感到特别兴奋。

本篇公告以客户为中心，旨在识别不同客户、细分客户的相对盈利能力，以便制定战略，让最具有盈利能力的客户带来更多价值，让低收益客户能够产生更多利润，停止或减少无法产生利润的客户对利润的侵蚀，或是关注客户的长期盈利能力。

公告中的客户盈利能力管理（CPM）系统的支柱是成本核算系统。实施CPM系统的重大挑战，是选择和实施一个能够提供准确和详尽信息的成本核算系统，该系统不仅能够准确地将产品成本和毛利分配给客户或细分客户，还要能够将成本分配给服务。CPM系统为了改变随意度很大的成本平均分配方式，使用"时间驱动作业成本法"

（TDABC）来识别客户或细分客户所消耗的资源和相关成本，从而进行全面客户成本核算，明确客户维持成本，最后提供准确、清晰的客户成本结果，形成客户盈利能力管理报告。

除了客户现有的利润贡献外，CPM 系统还考虑了客户未来的利润贡献潜力，对客户生命周期价值进行管理。

公告对此提供了技术性的方法与步骤，还严谨地指出了设计和实施 CPM 系统时必须考虑的系统问题，包括对 CPM 系统要求的时间承诺、对经济及人力资源投入的清晰认识、实施可能面临的障碍等。CPM 系统获得成功的关键，是得到员工和管理层的支持，因此企业应该让员工和管理层参与 CPM 系统的开发，寻求他们的意见和想法。

CPM 的实施阶段包括决策阶段、奠定基础、客户成本、交易数据、系统选择、业务算法、盈利信息、战略集成等。公告对每一阶段的具体工作以及需要获得的各方面支持，都进行了详细的阐述，并提供了相应的案例。

在附录中，公告还提供了详细的 CPM 框架应用示例，为企业实践应用提供了很好的指南。

三、对企业客户管理的价值

笔者认为，企业信息化的发展以及大数据的挖掘和应用，为本篇公告在企业的实施应用提供了更好的土壤和基础。我们相信，如果企业能够很好地开展客户盈利能力管理，运用公告中的工具、方法和指南，在对客户盈利能力进行全面分析的基础上，提供客户盈利能力管理报告，将可以帮助企业挖掘和确定关键客户，并根据客户重要程度合理分配营销力量，将有限的企业资源用在能为企业创造 80% 利润的关键客户身上，提高他们的满意度与忠诚度。对于亏损类客户，管理人员应努力寻找办法使企业与该客户的未来交易能够盈利，从而减少企业的亏损，提高企业的盈利能力。

在现实中，已经有越来越多的企业开展客户盈利能力管理，并取得了很好的效果。笔者接触到了很多这类企业，也许这些企业并没有严格地按照本篇公告来开展客户盈利能力管理，但其做法与公告有异曲同工之妙，这也进一步证实了公告的有效性。例如，某著名电信企业认为，正确定位目标客户是企业营销战略的重要内容之一，而客户的盈利能力是市场细分的基本依据之一，但是，该企业一直根据行业经验来划分市场确立目标销售群体。这种经验型计划过程难免有欠客观，而且导致市场分类过于粗线条，目标客户群模糊。这使得企业面对激烈的市场竞争时，缺乏对市场信息的系统收集和分析、缺乏对市场的细分和目标客户的准确定位。同时，其价格的制定也基本沿袭所有客户统一定价的传统思路，未能根据市场变化和竞争需求而调整。其结果就是，企业不断丢失原有的市场份额，经营面临危机。当该企业引入客户盈利能力管理方法后，建立了"客户盈利能力管理报告"，对不同客户实行分类管理，结果出乎企业的意料：企业一向最重视的客户——大份额、高需求客户——收支大致持平，而许多中小客户却更具盈利能力。据此，企业调整了相关战略，制定出新的支持制度，让产品部门和营销部门集中关注更具盈利能力的客户，并在此过程中将其销售和产品战略进行了转移，经过一段时间后，该企业的绩效得到明显改善。

综上所述，本篇公告抓住了企业在客户管理方面的痛点，提供了翔实、可操作性强的解决方案，运用"客户盈利能力管理"系统，实施步骤一目了然，具体细节清晰而准确，企业可据该公告对自身客户开展盈利能力管理。从教学和研究角度看，笔者从公告中得到极大的启示，获益匪浅。对于广大企业管理人员尤其是企业管理会计人员而言，公告的内容值得仔细阅读和认真思考。希望未来越来越多的企业采纳公告中的内容用于企业实践并取得成效。

利用客户生命周期价值来获取、挽留和赢回有利可图的客户

关于作者

V. 库马尔（V. Kumar）是佐治亚州立大学鲁滨逊商学院的市场营销学讲座教授，同时身兼品牌与客户管理卓越中心的执行董事。

一些金融服务、制药、食品、高科技、电信和零售公司同意作者在这项研究中使用他们的客户数据，在此，作者向这些公司表达感谢。

一、执 行 摘 要

当今时代，组织承担的营销责任日益加大，组织需要持续地通过首席财务官（CFO）感兴趣的财务指标来量化诸多营销行为在个别客户层面上产生的影响。通过本执行摘要，我们提出：衡量和实现客户生命周期价值（CLV）最大化有助于公司应对这一问题。公司在根据 CLV 模式制定决策时，能够就以下方面做出长期一致的决策：①哪些客户和潜在客户需要获取和挽留；②哪些客户和潜在客户不需要获取和挽留；③确定各个针对不同细分客户群体的资源投入水平。通过 CLV 框架，本摘要结论如下：

（1）获取和挽留具有更高 CLV 的客户可提高公司的盈利能力；

（2）有利可图的忠诚客户（相对于仅仅是忠诚的客户）是公司最有价值的客户；

（3）在适当的时间与恰当的客户取得联系，并鼓励其使用多种渠道，可提高企业的盈利能力；

（4）采用主动干预策略，识别可能脱离公司的客户并确定他们可能何时退出，有助于企业挽留有利可图的客户，从而提高企业的盈利能力；

（5）以最优方式将资源从具有较低 CLV 的客户重新分配给具有更高 CLV 的客户，从而确保对有利可图客户的管理；

（6）预测客户下一步将购买什么产品或服务以及购买行为可能何时发生，有助于公司设计向上销售和交叉销售计划，从而提高盈利能力；

（7）基于 CLV 的、以增加客户权益为导向的营销战略可推高公司股价，进而增加公司市值。

本公告所讨论的已经验证的战略有助于各行各业的企业根据 CLV 方法选择和培养客户，从而提高客户未来的盈利能力。

二、引　　言

任何一项商业举措的真正衡量标准是看它为公司创造了多少价值。世界各地的商业企业越来越以客户为中心，这导致营销职能部门承担了比以往更大的责任。如今，特别是首席财务官（CFO）和首席执行官（CEO）要求营销职能部门承担更大的财务责任，提高营销活动的投资回报率。换言之,公司董事会的所有期望可以归结为一个问题——公司需要(或不需要)挽留、发展、获取或赢回哪些类型的客户和未来潜在客户?在这方面,首席营销官(CMO)的职责所在是通过货币语言来回答这个问题。然而,业内几乎没有为试图弥补营销和财务/管理会计之间的缺口而开展的研究。据我所知,到目前为止,也没有什么研究将诸多营销活动对独立客户的影响量化为首席财务官或者管理会计师感兴趣的数字指标。我们认为客户生命周期价值(CLV)将有助于管理会计师解决这一问题。利用CLV,我们还回答了为挽留、发展、获取和赢回失去的客户,公司在各个细分客户群体上应该花费多少资源的问题。

但是,我们为什么要使用CLV?到目前为止,公司所采用的客户管理指标没有考虑客户未来的购买行为。结果就是,公司采用越来越多的后顾性指标,如最近一次消费、消费频次和消费金额的RFM模型、往期客户价值(PCV)、客户份额(SOW)等。另一方面,CLV将客户未来的活跃概率、实现销售的预期成本以及销售可带来的预期收入等结合起来。这样一来就形成了一个前瞻性指标,该指标最适合用于决定获取、挽留或赢回哪些客户/潜在客户。

三、客户生命周期价值——前瞻性指标[①]

客户生命周期价值可提供未来客户盈利能力的准确价值,那么,什么是CLV?我们对其该如何衡量?CLV可定义为:

> 某个客户在其整个生命周期内能为公司带来的累计现金流量——使用加权平均资本成本(WACC)进行折现——的合计数。

虽然"真正意义"上衡量CLV是指在客户生命周期内衡量其价值,但在大多数实际应用中,时间期限为3年。将期间定为3年的原因包括以下三点:(1)产品生命周期的变化;(2)客户生命周期的趋势;(3)80%的利润产生于3年内。[②]图1提供了CLV衡量方法。

[①] Kumar, V., "Customer Lifetime Value—The Path to Profitability," *Foundations and Trends in Marketing*, forthcoming.
[②] Gupta, S. & D. R. Lehmann (2005), *Managing Customers as Investments: The Strategic Value of Customers in the Long Run*, Upper Saddle River, NJ: Wharton School Publishing.

图1 CLV 衡量方法

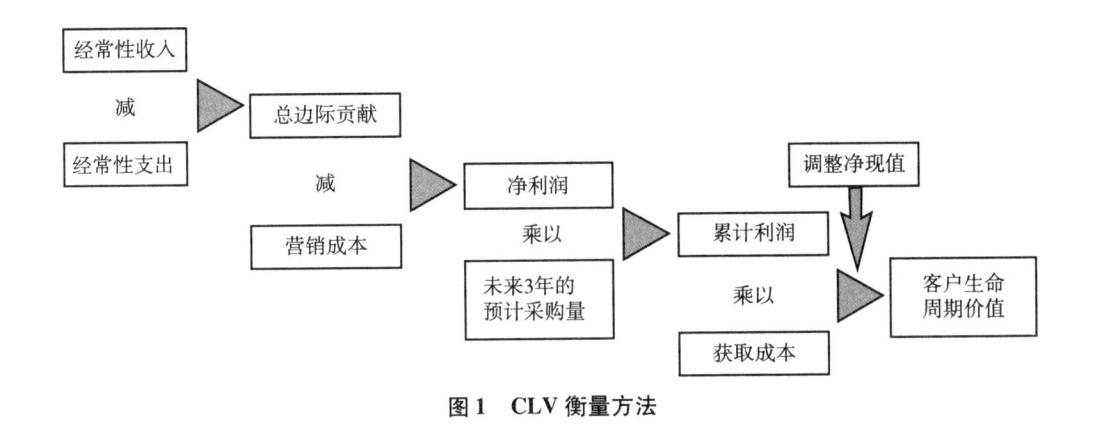

CLV 框架可利用如下三个要素进行建模：

（1）边际贡献；

（2）营销成本；

（3）在既定期间的购买概率。

在上述三个模型中，每一个模型都拥有一套动因/预测因素，需要同时对这三个模型进行预测。通过应用建模方法，管理者可以估计公司每个客户的 CLV。计算所有客户的 CLV 有助于公司根据客户对公司利润的贡献情况对他们进行排序，进而有助于公司制定和实施有针对性的客户战略，最大限度地提高客户的生命周期利润和延长生命周期持续时间。换言之，CLV 将帮助公司根据客户的利润贡献情况采取不同的对待方式，而不是一视同仁。

CLV 真的优于其他忠诚度指标吗？为了验证这一点，我们在某项研究中运用前 48 个月的数据，并根据每一项指标（RFM、PCV 和 CLV），对一家大型高科技服务公司的客户进行了从高到低的排序。[①] 同时，对排名前 15% 的客户的总收入、成本和利润进行了比较。在接下来的 24 个月中，我们观察到根据 CLV 分数所挑选的客户带来的净价值，要比按照其他传统指标所挑选的客户带来的净价值高出约 45%。这表明使用 CLV 挑选客户远比使用传统指标更为有效。

明确了 CLV 是管理客户盈利能力的最佳指标，公司所面临的三个重要问题接踵而至：

（1）我们如何确定挽留、发展、获取或赢回哪些类型的客户和未来潜在客户？

---

① Venkatesan, Rajkumar & V. Kumar (2004), "A Customer Lifetime Value Framework for Customer Selections and Resource Allocation Strategy," *Journal of Marketing*, 68 (4), pp. 106 – 125.

(2) 我们如何确定哪些类型的客户和未来潜在客户不值得挽留、发展、获取或赢回？

(3) 为了挽留、发展、获取或赢回这些客户，我们应该在各个细分客户群体上花费多少资源？

为回答上述问题，我们将在下文从分析和战略角度提供详细说明。

四、如何确定挽留、发展、获取或赢回哪些类型的客户和未来潜在客户

使用 CLV，管理人员可以引入差异化的营销战略，以便最大限度地提高客户的盈利能力。本部分提供了针对 B2B 和 B2C 公司的前期研究成果，并展示了差异化营销战略是如何提高 CLV 的。此处所讨论的策略是：（1）获取和挽留谁；（2）让客户具有忠诚度的同时并带来利润；（3）发展客户（通过管理客户生命周期）；（4）如何挽留客户/预防客户流失？

（一）获取并挽留哪些客户

传统观念采用传统指标（如 RFM、PCV 和 SOW）来选择客户，其认为挽留更多的客户将提高公司的整体盈利能力。然而，事实并非如此。CLV 指标有助于留下能带来利润的忠实客户，而不仅仅只是忠诚的客户，进而提高公司的整体盈利能力。在最近的一项研究中，我们发现一组客户没有为公司的整体盈利能力做出贡献，并且需要付出更多的挽留成本；而另一组客户不仅通过提高公司的收入，同时还通过帮助公司吸引其他客户为公司创造了更多价值。[1] 因此，获取和挽留适当的客户成为公司实施以客户为中心的战略的一项重要举措。

公司在获取和挽留潜在客户和客户时，会遭遇三个常见的陷阱，分别是：（1）将客户获取率和客户挽留率作为营销绩效的主要评价指标；（2）过分关注获取和挽留客户的当前成本，对客户长期价值的关注不够；（3）将获取客户和挽留客户视为互相独立的活动，并试图最大限度地提高这两个比率。

---

[1] Thomas, Jacquelyn S., Werner J. Reinartz & V. Kumar (2004), "Getting the Most out of All Your Customers," *Harvard Business Review*, 82 (7/8), pp. 116-123.

在第一个陷阱中,公司往往把客户获取率(直接营销工作针对的目标人群里真正成为客户的人员比率)和客户挽留率(客户与企业存在业务关系的持续时间)作为其营销绩效的主要评级指标。这是因为这两个指标易于公司理解和追踪,并且获得更多的市场份额对公司具有长期的吸引力。虽然在签订合同的情况下,如订阅杂志或有线电视服务,侧重于这两个比率可能是合理的,但在绝大多数情况下,将获取率和挽留率作为衡量公司整体业绩的指标可能会导致问题。许多公司已经意识到这一点,并已采取措施来奖励那些能确保客户盈利能力的管理人员,而不是那些实现获取率和挽留率指标最大化的管理人员。这直接导致了下一个陷阱:过分关注短期盈利能力。

为了分析第二个陷阱,我们通过对一个客户群体进行为期 3 年[①]的跟踪来测试获取成本、挽留成本和客户盈利能力之间的关系。该群体被分为以下四组:容易获取且挽留的客户;难以获取但易于挽留的客户;容易获取但难以挽留的客户;难以获取且难以挽留的客户。然后,根据这些客户的交易行为,确定每一组客户对该群体客户的整体盈利能力的贡献,研究结果如图 2 所示。

	低获取成本	高获取成本
高挽留成本	维护成本较高客户 25%的客户 15%的利润	忠实客户 28%的客户 25%的利润
低挽留成本	临时客户 32%的客户 20%的利润	维护成本低度客户 15%的客户 40%的利润

图 2　在三个行业内获取并挽留盈利性客户

最大的细分客户群体——"临时性客户"(32%),虽然易于获取和挽留,但是只占了利润的 20%。这表明易于获取和挽留的客户可能不会带来最多的利润。最小的细分客户群体——"维护成本较低的客户"(15%),带来了最大的利润(占总利润的40%)。"贵宾客户"难以获取和挽留,占了客户基数的 28%,贡献了 25% 的利润。利

---

① Thomas, Jacquelyn S., Werner J. Reinartz, & V. Kumar (2004), "Getting the Most out of All Your Customers," *Harvard Business Review*, 82 (7/8), pp. 116 – 123.

润贡献最少的客户组别是"维护成本较高客户",易于获取但是相关的挽留成本很高。这组客户只占了15%的总利润,但他们在客户基数中的占比为25%。这些趋势和发现可以推及其他公司和行业,差别只是利润和客户的分布有所不同。因此,把目标放在易于获取和易于挽留的客户可能无法确保对盈利性客户的管理。CLV方法建议公司同时优化获取/挽留成本,并将此类努力与总体盈利能力直接联系起来。而这将我们引向平衡客户获取和保有时所面临的第三个陷阱:将获取客户和挽留客户视为互相独立的活动,并试图最大限度地提高这两个比率。

当公司将获取客户和挽留客户视为彼此独立的活动,表明负责客户获取和挽留工作的部门不是协同工作的。部门之间缺乏相互依赖性会使得负责获取工作的部门试图获得尽可能多的客户,而负责挽留工作的部门则致力于挽留所有已获得的客户。这两种情况可能会包括那些从长期来看不能为公司带来利润的客户。换言之,客户获取部门将只专注于获取临时性客户和维护成本较高客户,因为这些客户的获取成本较低,而忽视利润贡献高的贵宾客户和维护成本较低的客户。

在客户获取和客户挽留之间取得平衡的关键在于二者之间有效的资源分配。在商业环境中,当营销资源的分配决定越来越多地针对个体层面,营销人员必须明白易于获取和挽留的客户可能不是能够提供最多利润的客户,这一点非常重要。资源分配决定不应当只考虑客户获取和挽留,还应该考虑不同沟通渠道的选择水平。客户获取和挽留之间的这种平衡将为管理者提供一套清晰的、可实现的、与利润关联的营销目标。

(二) 让忠诚客户为公司带来利润

如前所述,纯粹基于忠诚度来选择客户不是一个明智之举,我们建议将 CLV 作为客户细分的基础。那么企业在对客户进行细分时,如何从以忠诚度为基础转向以 CLV 为基础?客户的 CLV 分数及他们与公司关系的持续时间构成了这种选择和细分的基础。通过将客户细分为多个宽泛的群体,客户管理工作会变得更加容易,同时,公司可以将相关信息与各个群体有机地联系起来。[①] 这使得资源得到了有效分配,从而提高了盈利能力。图 3 展示了同时对忠诚度和盈利能力进行管理的过程。从图 3 我们可以清楚地看

---

① Reinartz, Werner J., & V. Kumar (2002), "The Mismanagement of Customer Loyalty," *Harvard Business Review*, 80 (7), pp. 86 - 94.

到，既存在只能贡献微薄利润的长期客户，也存在能够贡献丰厚利润的短期客户。矩阵的四个象限说明了不同类别的客户及其各自的利润最大化策略。

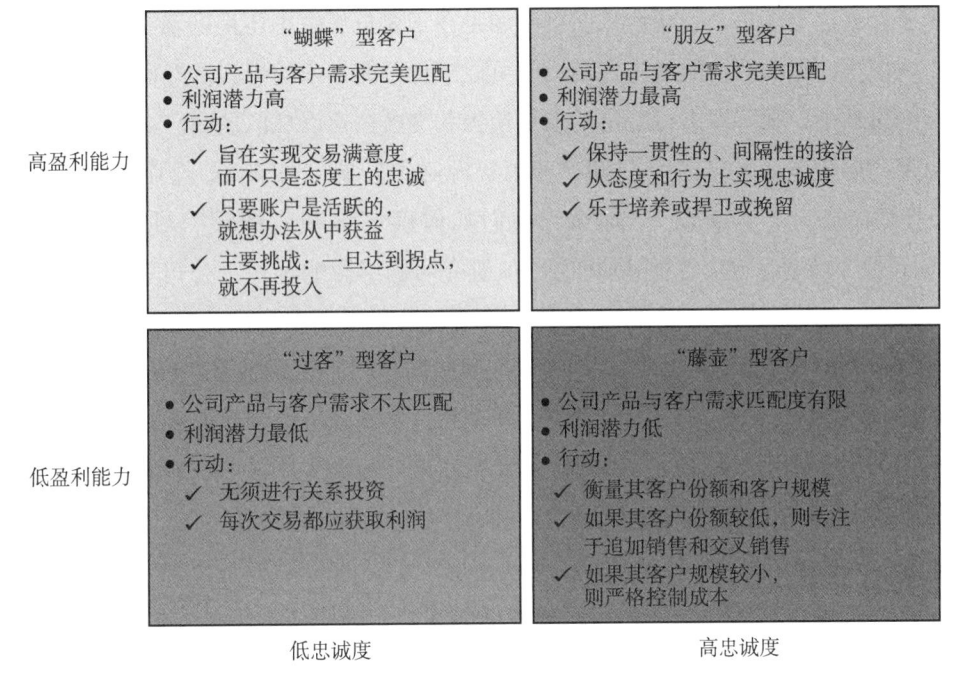

	低忠诚度	高忠诚度
高盈利能力	**"蝴蝶"型客户** • 公司产品与客户需求完美匹配 • 利润潜力高 • 行动： ✓ 旨在实现交易满意度，而不只是态度上的忠诚 ✓ 只要账户是活跃的，就想办法从中获益 ✓ 主要挑战：一旦达到拐点，就不再投入	**"朋友"型客户** • 公司产品与客户需求完美匹配 • 利润潜力最高 • 行动： ✓ 保持一贯性的、间隔性的接洽 ✓ 从态度和行为上实现忠诚度 ✓ 乐于培养或捍卫或挽留
低盈利能力	**"过客"型客户** • 公司产品与客户需求不太匹配 • 利润潜力最低 • 行动： ✓ 无须进行关系投资 ✓ 每次交易都应获取利润	**"藤壶"型客户** • 公司产品与客户需求匹配度有限 • 利润潜力低 • 行动： ✓ 衡量其客户份额和客户规模 ✓ 如果其客户份额较低，则专注于追加销售和交叉销售 ✓ 如果其客户规模较小，则严格控制成本

图 3　管理忠诚度和盈利能力

那些最具价值的客户是真正的朋友。这些客户对公司的现有安排感到满意，也愿意参与到公司的运营流程中来。久而久之，他们的购买行为会保持稳定且定期发生（而不是集中购买）。他们为公司提供了最大的利润潜力。在管理这些真正的朋友时，公司应该致力于开展持续，但间歇性的沟通。公司应该集中精力找出方法来激发这些真朋友的忠诚感，并努力获取其在态度上和行为上的忠诚。

"蝴蝶"指的是停留时间很短、但能为公司带来高利润的客户。这类客户虽然能够产生高额的利润，但持续时间很短暂。这些客户喜欢四处寻找最佳的交易，并避免与任何一个供应商建立稳定的关系。在管理这些客户时，一个典型错误就是继续在他们身上投入资源，在某些情况下，甚至在他们停止购买后依然投入过多的资源。因此，为了管理这类客户，公司应该致力于实现每次交易的利润最大化，而不是试图培养忠诚度。换言之，管理者应该在他们还能够为公司带来利润的时候寻找方法来享受这类客户带来的利润，同时找一个合适的时机停止对这类客户进行投资。

"藤壶"是指那些与公司具有长期业务关系、却只能为公司带来较低利润的客户。他们不会产生令人满意的投资回报，因为其规模和交易量都太小。就像附着在货船船体上的藤壶一样，他们只会带来额外的阻力。但是，如果管理得当，他们有时也有利可图。为了管理这类客户，公司应该明确问题是在于客户规模小还是可享有的份额小。如果客户规模小，那么严格的成本控制措施可以减少可能带来的损失。然而，如果发现是可享有的份额小，则可以进行特定的追加销售和交叉销售以赚取盈利。

由于"藤壶"不能带来高利润，营销资源必须转向"蝴蝶"。然而，不是所有的"蝴蝶"都能成为"真朋友"。那么，我们如何确定哪些"蝴蝶"可以成为"真朋友"而不是"藤壶"呢？我们进行的一项研究明确了影响客户-公司关系的各种驱动因素。这些驱动因素包括：（1）支出水平；（2）不同类别产品的购买水平；（3）某一类别产品的购买专注度；（4）购买的平均间隔时间；（5）退货数量；（6）会员忠诚度；（7）营销传播频率；（8）客户主动联系。[1] 利用这些驱动因素，我们可以区分哪些"蝴蝶"将成为"真朋友"而不是"藤壶"。这有助于公司将客户从一个象限转移到另一个象限而管理人员必须谨慎决定对哪些客户进行投资。在本摘要的后文部分，我们将详细阐述资源分配策略。

"过客"，顾名思义，就是利润贡献最低的客户，公司所提供的产品和服务很少能契合他们的需求。管理这类客户的关键策略是尽早识别他们，避免进行任何关系投资。这类客户对公司不具忠诚度，不能带来利润，因此，公司的目标应该是从这类客户的每次交易中获取最大的利润。

一旦完成客户细分，公司必须力求建立一个忠诚度计划，其总体目标是实现盈利的最大化。为了实施这一计划，公司必须实现三个基本目标，分别是：（1）建立和强化忠诚行为；（2）培养忠诚态度；（3）将忠诚度与盈利能力联系起来。当这些目标得到实现时，组织就能够识别客户的贡献，并给予相应的奖励。

在一项研究中，我们提出了一种双层奖励制度，它能够根据购买行为、态度、客户资料和盈利潜力来区分客户，而不是疏远客户；建立和维持忠诚度，不以牺牲客户盈利能力为代价。[2] 一级奖励代表一种标准的单维度奖励战略，根据客户的总花销立即给予奖励，这效仿了现有的忠诚度计划。另一方面，二级奖励具有前瞻性，为潜在的盈利客

---

[1] Reinartz, Werner J., & V. Kumar (2003), "The Impact of Customer Relationship Characteristics on Profitable Lifetime Duration," *Journal of Marketing*, 67 (January), pp. 77-99.

[2] Kumar, V. & Denish Shah (2004), "Building and Sustaining Profitable Customer Loyalty for the 21st Century," *Journal of Retailing*, 80 (4), pp. 317-330.

户提供额外激励。二级奖励制度需根据以下几个方面的决策加以管理：（1）哪些客户应该得到奖励；（2）应该是什么类型的奖励；（3）应该奖励多少。

因此，同时实施一级奖励和二级奖励可以为任何一个忠诚度计划提供巨大的灵活性。最为重要的是，双层奖励制度可以帮助公司同时打造忠诚态度、忠诚行为和盈利能力，并赋予营销人员权限，根据客户"未来"的潜力，而不仅仅是过去的交易记录，积极主动地投资于目前的最优质客户。如果使用得当，忠诚度计划和奖励制度可以帮助管理者识别需要获取和挽留哪些类型的客户。

（三）发展客户

为了努力发展和服务客户，许多公司会涉足至少几个不同的渠道。在许多情况下，这些渠道不仅为客户提供了多渠道购物机会，还让客户通过一个或多个渠道搜寻产品信息并在完全不同的渠道完成交易。这一事实已经得到了若干营销研究调查结果的证实，60%以上的客户不仅希望通过多个渠道进行购物，[①] 而超过1/3的定期购买客户已通过三个或更多的渠道购买产品或服务。[②] 此外，由于各行各业综合物流和在线销售形式日益广泛的应用，各个公司正努力扩大自身在各种渠道中的影响力，以吸引不同的客户群体。由于每种分销渠道服务于不同的客户群体并提供不同水平的服务，所以该方法能够降低总体服务成本，进而提高公司的盈利能力。因此，通过开展多渠道经营，瞄准多渠道购物者，企业能够获得更多的利润。

那么哪些客户属于多渠道购物者？企业如何识别他们？我们为此开展了一项研究以明确多渠道购物者的驱动因素，在此过程中我们利用了以下信息：（1）客户特征；（2）供应商的特定特征；（3）客户统计。客户特征包括不同类别产品的购买程度、产品的退货数量、通过网络联系的频率、客户与公司关系的持续期以及客户购买频率等因素。换言之，这些因素的频率越高，客户通过多渠道购物的可能性就越大。供应商的特定因素包括联系渠道数量、联系渠道类型以及渠道组合。同样，供应商特定因素的程度越高，通过多渠道购物的可能性就越大。客户统计指的是服务客户的公司员工人数、公司的年销售额和行业类别。行为特征是指与客户有关的指标，包括收入、既往客户价值、钱包

---

① Boa, B., "Welcome to the World of Multichannel Retailing," Flora Magazine, March 2003 (details from a KPMG and Indian University study).

② J. C. Williams Group and Bizrate.com, "Multi Channel Retail Report 2001" (conducted for shop.org).

份额以及保持与公司关系的倾向预测。

在确定多渠道购物者后,企业必须弄清楚多渠道购物者是否存在下列情况:(1)更有可能在未来购买公司产品或产物;(2)可能花更多的钱;(3)比单渠道客户创造更多利润,这一点非常重要。为了明确这一点,公司可以采用一个有用的工具,即公司通常使用的、与客户相关的指标列表。这些指标包括客户消费的金额(收入)、客户花费在本公司产品上的金额与花费在竞争对手产品上的金额的比例(SOW)、往期客户价值(PCV)、客户未来的购买概率(保持活跃的概率)以及CLV。这些指标统称为以客户为基础的指标。针对B2B公司,我们依照单渠道、双渠道、三渠道和四渠道购物者,对这些指标进行了比较,研究结果请参见表1。

表1　　　　　　　　　客户相关指标的比较

项目	单渠道客户	双渠道客户	多渠道客户
收入(美元)	4262	5736	16100
SOW(%)	20	35	60
PCV(美元)	6681	10874	25625
保持活跃的可能性(%)	11	15	54
CLV(美元)	7672	10325	28980

从表1可以看出,当客户通过更多的渠道(从一个渠道到四个渠道)进行购物时,该客户(1)在企业身上花费更多收入;(2)花费在焦点企业上的比例更高(而不是竞争对手);(3)具有较高的前期盈利能力(与未来盈利能力相关);(4)未来的购买可能性更高。因此,如果公司想要识别目标客户并鼓励他们通过多个渠道购物,那么,公司需要根据驱动因素弄清楚哪些客户具有成为多渠道购物者的潜力,并尝试利用这些驱动因素来推动多渠道购买行为。

在了解多渠道购物者往往比单渠道购物者更有利可图之后,公司想要知道客户接下来可能采用哪个渠道以及何时采用。影响渠道选择和采用时机的几个行为和心理因素包括:

(1)与渠道相关的因素——购买产品涉及的货运成本以及是否可以立即发货;

(2)与购买相关的因素——客户在单笔交易中购买的物品总量,客户在单笔交易中购买的产品类别数量以及可享受的价格折扣水平;

(3)与频率相关的因素——客户的购买频率和营销的传播频率;

（4）客户异质性因素——这些因素可让客户接受新渠道，进而通过不同渠道进行购物。

这些驱动因素有助于预测客户的渠道采用行为，其中，客户采用的渠道越多，公司就越有可能从该客户身上获取更多的收入。

在研究中，我们将用于预测渠道使用持续时间的模型应用在这家 B2C 零售公司的客户样本上，这些客户由单渠道和双渠道购物者组成。[①] 我们还针对单渠道购物者设计了一个营销活动，旨在鼓励他们采用第二个购物渠道。与此类似，也鼓励双渠道购物者采用第三个购物渠道。我们为这一具体实施计划选择的样本量为 3800 名客户，其中 1902 名分配到测试组，其余则分配到对照组。通过对测试组客户的购物行为进行了为期 12 个月的跟踪调查。我们发现，如果客户通过一个渠道的平均购物花费是 400 美元，那么如果将另一个渠道添加到他们的 13 种购物组合中，他们现在的购物花费大约为 720 美元。包括折扣在内的营销活动平均成本约为 40 美元，而收入则增加了约 320 美元。因此，投资回报率约为 8 倍（或 800%）。很明显，在合适的时间联系适当的客户并鼓励他们采用另一个购物渠道，将带来更高的盈利水平，从而帮助公司不断发展客户。

（四）如何挽留客户/防止客户流失

挽留客户是每个组织的关键工作。客户流失会通过多种方式对企业产生影响，主要影响是客户流失会导致收入减少，其次是流失导致公司失去了收回客户获取成本的机会，给公司实现盈亏平衡带来了更大的负担。第三，公司失去向流失客户进行追加销售/交叉销售的机会，这种损失可视为潜在收入的损失。第四，还会产生一些"因客户流失"产生的社会影响，例如影响到其他客户选用产品/服务以及带来潜在的负面口碑。此外，企业还必须投入额外的资源，以便用新客户来补充那些流失的客户。这会消耗公司资源，而此时，公司已经受到客户流失的影响，其中绝大部分流失客户都转投了公司的竞争对手。

这就是美国电信公司斯普林特（Sprint）曾经面临的情况。[②] 在最近结束的一个季

[①] Kumar, V. & Rajkumar Venkatesan (2005), "Who Are Multichannel Shoppers and How Do They Perform?: Correlates of Multichannel Shopping Behavior," *Journal of Interactive Marketing*, 19 (2), pp. 44 – 62.

[②] Bartash, Jeffry, "Sprint Posts Loss as Customers Defect," *Market Watch*, August 6, 2008. http://www.marketwatch.com/news/story/story.aspx? guid = % 7B2FAAD7E8% 2D6E46% 2D4373% 2D8D0A% 2DC9C0B3877AC6% 7D&siteid = rss.

度（截至 2008 年 6 月），斯普林特的客户流失率（约为 2%）几乎是美国最大电信运营公司威瑞森（Verizon）的两倍。在 2008 年上半年结束之际，斯普林特在预付款业务（盈利较低）和后付款业务（盈利较高）上共流失了约 200 万用户。此外，每名用户支付的月度服务平均金额也在继续缩水，与一年前相比下降了 7%，为 56 美元。与威瑞森（2008 年第一季度客户为 130 万）和沃达丰（Vodafone，2008 年第一季度客户为 150 万）的新增客户数相比，这清楚地说明了客户流失可能对公司财务和管理造成的损害。然而，作为重建努力的一部分，斯普林特已经投入资源以遏制客户的流失态势。他们设法控制后付款用户的流失率，在 2008 年第二季度末控制在 2% 以下，低于 2008 年第一季度的 2.5%。该公司努力将其客户年度流失率控制在 8% 左右，而不是 10%。

许多公司已经认识到控制客户流失的重要性，并已经采用或正在采用分析工具来预测和防止客户流失。在制定这一策略之前，公司需要明确几个重要问题：

（1）如何识别可能流失的客户？
（2）他们可能在何时流失？
（3）是否应该对这些客户进行干预？如是，应该在何时采取干预措施？
（4）我们应该投入多少资源来避免特定客户的流失？

制定干预策略的第一步是确定可能流失的客户及预计流失时点。绝大多数预测客户流失的模型可以通过建立退出倾向模型来回答这两个问题。这些模型给出了客户在特定时点退出的概率。在处理客户流失问题时，组织可以采用两种方法：永久性流失和间歇性购买。

永久性流失将客户的流失视为永久性的。在付费业务领域中，这种类型的客户流失非常常见。当客户终止付费或服务时，他们不太可能再寻求公司的产品或服务。客户要么已经转投竞争对手，要么停止使用特定服务。在这两种情况下，即使干预范围可能有限，公司也要制定干预策略来预测每个客户的流失时点，这一点非常重要。即使是在客户放弃服务的情况下，公司也可以通过提供客户想要的服务来进行干预。例如，美国在线公司（AOL）意识到许多客户选择退出拨号服务，转而寻求宽带服务，其采取的策略首先是挽留那些选择退出拨号服务的客户，通过与南方贝尔（BellSouth）、奎斯特（Quest Communications）和美国电话电报公司（AT&T）等电信公司合作，为他们提供宽带服务。[①] 公司提供的超值套餐服务帮助其弥补了公司拨号服务的利润损失。

---

① Computer Business Review Online, 30th January 2006, http://www.cbronline.com/articlenews.asp?guid=BF-BF25EB-0A04-4CCF-AD0F-130B4DB22C10.

另一方面，间歇性购买认为客户转向竞争对手只是暂时的。我们假设客户在苹果公司和戴尔公司之间转换。在这种情况下，客户继续与戴尔公司和苹果公司保持交易往来。虽然戴尔公司和苹果公司都没有彻底失去客户，但他们失去或获得了客户的购买份额。客户与多家公司进行交易，但是，交易份额在各个公司之间的分配是不均衡的。这种情况不涉及特定的流失时点。许多消费品的交易就属于这一类别。在这一方法下，组织的建模对象不是流失时点，而是客户在各个公司或品牌上的转移概率。

上述重要问题的解决之道在于建立退出倾向模型并将它与 CLV 相关模型整合起来。为了明确建立干预策略的必要性，管理者必须研究客户的退出倾向。例如，假设有三个客户——客户 A、客户 B 和客户 C，他们的预测退出倾向（2004 年 7 月至 2005 年 7 月）如图 4 所示。

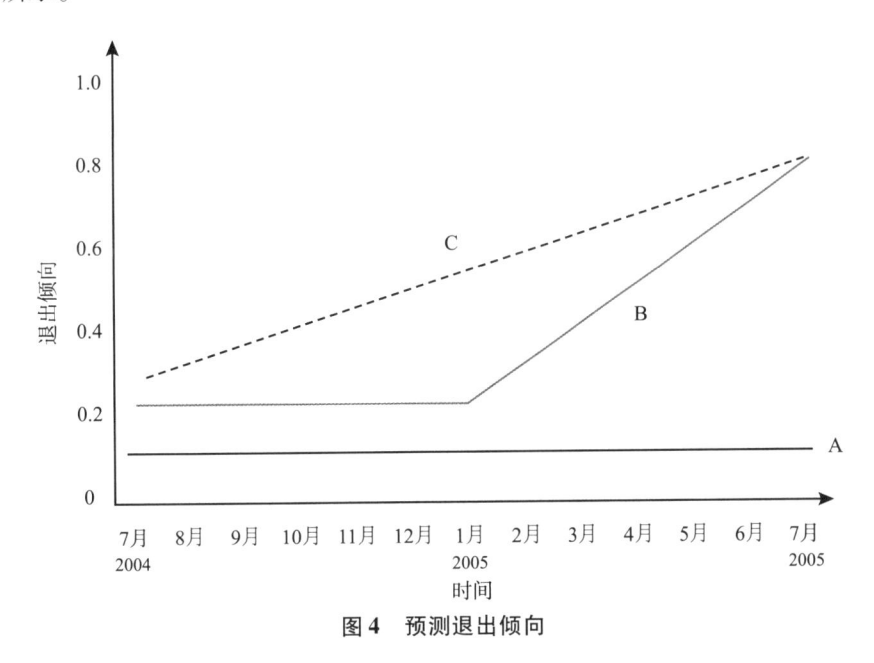

图 4　预测退出倾向

客户 A 不打算退出，我们用直线加以表示。客户 B 虽然最初没有表现出退出倾向，但从 2005 年 1 月开始，其退出倾向愈发明显。客户 C 用一条陡峭的曲线加以表示，表明其从一早开始就有明显的退出倾向。通过图 4 可以清楚看出，客户 B 和客户 C 很可能在不久的将来选择退出，他们是需要加以干预的客户。

一旦就干预需要和拟干预的客户对象做出决定，公司必须明确何时进行干预。问题的答案在于采取主动干预策略。也就是说，如果客户表现出明显的退出倾向（即本例中的客户 B 和客户 C），公司就应该进行干预以防止客户流失。图 5 列出了应该对客户 B 和客户 C 进行干预的时间段。

图 5　主动干预策略

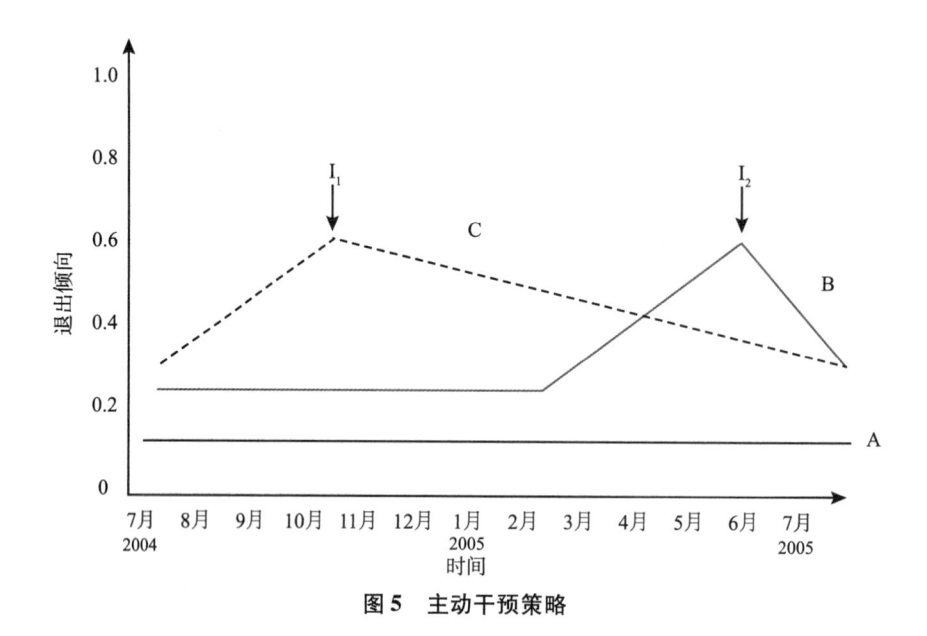

在图 5 中，点 I_1 和点 I_2 代表了应该对客户 B 和客户 C 进行干预的干预点，随后客户的退出倾向减弱。图 5 中，客户 B 和客户 C 分别在 2005 年 5 月和 2004 年 10 月受到了公司的干预。客户干预措施存在间隔的原因在于他们各自的退出倾向时点不同。因此，可以对客户 C 进行早期干预，而对客户 B 的干预可以稍晚进行。公司可以根据个别客户的特征来决定干预渠道以及干预类型。因此，主动干预策略可以帮助公司预先防止客户流失，进而提高投资回报率。

干预策略的其他关键因素是在每个客户身上投入的资源量，这直接关系到客户价值或客户生命周期价值。假设公司制定了一项干预策略，其干预成本是每个客户 100 美元。如果客户的 CLV 为 50 美元，那么提供此类促销就不合算了。公司干预成本应该低于 50 美元。在理想情况下，公司应该设计一系列具有不同成本的干预策略，以满足所有客户的干预需求。

在最近的研究中，我们针对一家电信公司测试了防止客户流失的策略。[①] 该公司首先利用 3 年的交易和市场营销数据计算出所有客户的退出倾向。然后，公司创建了两组客户，这两组客户的退出倾向和交易特征（例如他们对公司的收入贡献和持续时间）相似。换言之，两组客户具有相同的退出概率。每位客户的平均年收入为 600 美元。测试组有 2601 个客户，对照组有 2602 个客户。对照组没有受到干预，该组用于观测干预

---

① Kumar, V. & Morris George, "Saving Customers Through Timely Intervention," *Working Paper*, Georgia State University, Atlanta.

措施对测试组的影响。针对测试组的所有客户,该公司预测了他们的退出倾向并确定了那些可能退出的客户。根据每个客户的 CLV,该公司为所有弱势客户设计了特定的干预策略。测试组的干预总成本是 4 万美元。该干预措施为公司挽留了 643 个客户。将客户数乘以每个客户的平均收入贡献,我们得出干预组的总收入增加了 38.58 万美元。因此,即使在考虑干预成本之后,该公司通过防止客户流失实现了 34.58 万美元的净收入增长,投资回报率接近 860%(即收入贡献是投资的 8.6 倍)。

客户流失会给企业的盈利能力甚至生存造成不利影响,挽留客户的关键是尽早识别可能退出的客户并加以干预以防止客户流失。客户流失模型有助于识别可能退出的客户,而基于 CLV 的干预策略则帮助公司进行有效干预以挽留有价值的客户。

五、如何确定无须挽留、发展、获取或赢回的客户及未来潜在客户类型

每家公司都会面向广大客户提供一系列产品,而客户同样会对公司有着不同的偏好和目标。有些客户属于长期客户,有些只在短时间内与公司进行交易往来。对于公司而言,有些客户比其他客户更有利可图。那么,公司如何衡量和理解各项营销行动是如何影响多样化客户群体的购买行为的?在上个部分,我们明确了公司需要发展和挽留哪些客户,而同样重要的是,公司需要识别哪些客户是无须挽留的。CLV 可以帮助我们回答这个问题。CLV 能够反映客户过去的行为,他们未来的预期行为以及挽留他们所需的营销成本,因此,CLV 可以作为一项重要指引,帮助公司明确哪些客户需要关注以及如何接近他们。此外,CLV 还可以指导管理者了解他们的行动是如何影响客户行为的,并分析营销活动的有效性。

为了对 CLV 的上述优势进行分析,我们研究了一家销售服装、鞋子和配饰的 B2C 零售商,研究对象包括男性客户和女性客户。[①] 为了开展这项研究,我们从该公司的客户数据库中提取了一个超过 30 万名客户的大样本,并计算了他们各自的 CLV 分数,获得了广泛的 CLV 分数分布数据。基于 CLV 分数,我们按十分位数对客户进行了划分,排在前两位的客户构成高 CLV 客户,居于 3~5 位之间的客户构成中 CLV 客户,而居于

---

① Kumar, V., Denish Shah, & Rajkumar Venkatesan (2006), "Managing Retailer Profitability – One Customer at a Time!" *Journal of Retailing*, 82 (4), pp. 277–294.

最后 5 位的客户则构成低 CLV 客户。通过这项研究，我们获得一些关于客户盈利能力的有趣见解。据观察，前 20% 的客户占到利润的 95%，而实际上，零售商 30% 的客户生意在亏损。这是因为在低 CLV 客户类别中，几个客户的 CLV 分数为负。图 6 列示了客户按十分位数进行分类的情况。

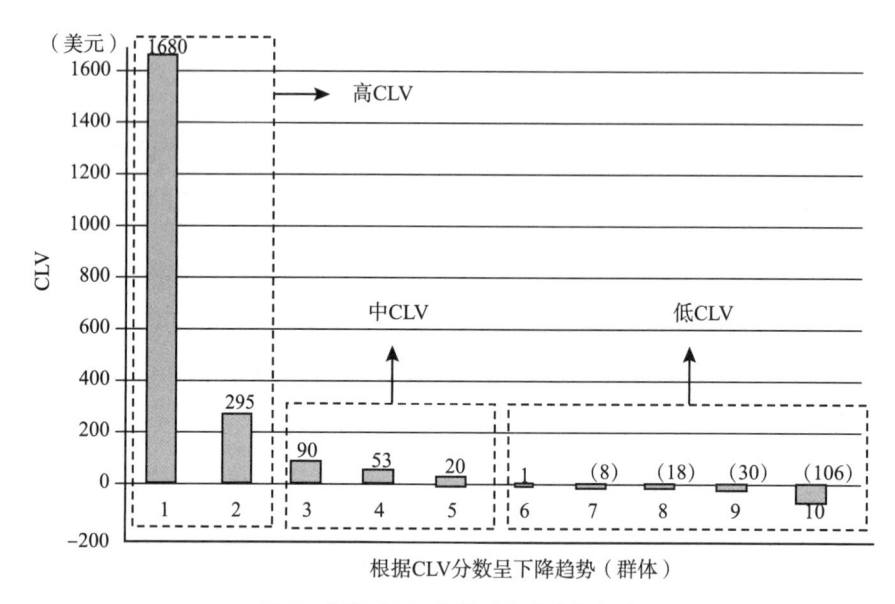

图 6　根据 CLV 分数对客户进行细分

基于这一客户细分，我们对低 CLV 和高 CLV 客户的情况进行了分析，发现了一些有趣的类别差异。分析显示，最有利可图的客户，即高 CLV 客户，是年龄在 30~49 岁之间的已婚职业妇女。她们育有子女，家庭收入很高，此外，还是商店忠诚度计划的会员，居住地靠近商店，并通过多个渠道进行购物。典型的低 CLV 客户是年龄在 24~44 岁之间的低收入未婚男性，他们主要是单渠道购物者，居住地离商店较远，没有置办房产。通过开展此类情况分析，公司可以清楚地了解客户的 CLV 得分，从而能够有效地管理客户。

在识别高 CLV 和低 CLV 客户之后，公司可将客户划分到一个二乘二矩阵之中，并获得若干个针对特定客户类别的营销战略推荐。图 7 展示了客户矩阵。

通过矩阵我们得出的结论是：公司应该在低 CLV 及当前高 SOW 客户的身上严格控制投入。如果客户拥有高 CLV 及当前高 SOW，公司则应当维持当前的投入水平。面对低 CLV 和当前低 SOW 的客户，公司应鼓励他们进行交叉购买，购买不同的产品类别以及更高价值的产品。如果客户拥有高 CLV 和当前低 SOW，公司则应该采取措施来激发此类客户的购买意愿，实施不同产品类别的交叉销售，并且推动他们购买更高价值的产品。

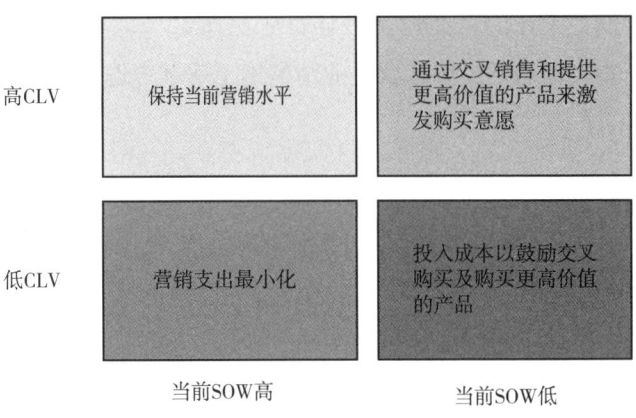

	当前SOW高	当前SOW低
高CLV	保持当前营销水平	通过交叉销售和提供更高价值的产品来激发购买意愿
低CLV	营销支出最小化	投入成本以鼓励交叉购买及购买更高价值的产品

图 7　企业根据 CLV 和 SOW 所采取的市场营销行动

如果企业能够识别和锁定正确的客户，那么，交叉购买的影响可以得到极大地提高。[①] 我们针对一家目录零售公司开展了研究并确定了交叉购买的驱动因素和交叉购买对收入和其他指标的影响，并按照交易特征和客户特征对驱动因素进行了分类。交易特征是指购买的平均间隔时间、产品退货率以及产品类别的集中购买情况；客户特征包括一家之主的年龄和家庭收入。在开展了这些工作之后，目录零售商在每个交叉销售水平上的每名客户的每个订单收入和边际贡献，以及在既定时间段内的订单数量都有了显著的增长。因此，理解这些变量与交叉购买之间的关系，将有助于公司选择那些具有更高交叉购买可能性的客户，并只保有这类客户。

此外，这项研究对产品退货情况也有重要启示。如果客户购买了更多的产品，那么产品的退回概率也会上升。那么，我们应该尝试向那些具有高退货可能的客户进行交叉销售吗？结果表明，即使交叉购买量伴随着产品退回率的上升而增长（相对于购买金额），但只有在超过某一临界值后，产品退回率才会对交叉购买产生负面影响。

在最近开展的一项研究中，我们对客户的退货行为进行了调查，并通过实证分析证明了退货对交易过程造成的影响。[②] 这项研究确定了交易过程因素，有助于解释退货行

[①] Kumar, V., Morris George & Joseph Pancras (2008), "Cross-buying in Retailing: Drivers and Consequences," *Journal of Retailing*, 84 (1), pp. 15–27.

[②] Petersen, Andrew J. & V. Kumar, "Are Product returns a Necessary Evil?: The Antecedents and Consequences of Product Returns," *Journal of Marketing*, forthcoming.

为以及退货给未来客户和公司行为造成的影响。虽然退货的确会让公司付出代价，影响到销售利润并产生逆向物流，但本研究经过实证分析证明，在达到了临界值之后，退货行为的增加会提升客户未来的购买行为。通过对一家零售公司在此结论上的测试，我们发现能实现公司利润最大化的产品退回最佳百分比在13%左右。这项研究为企业的产品退回政策提供了重要的启示，并建议企业清楚地了解客户退货行为与企业利润之间的平衡关系。

六、针对各个细分客户群体应投入多少资源以留住、发展、获取和赢回这些客户

确定需要挽留的和无须挽留的客户类型，有助于企业明确在各个细分客户群体上应该投入多少资源以便挽留此类客户。两种基于 CLV 的策略可以帮助公司实现这一点，分别是：(1) 针对既定购买水平的最佳资源配置；(2) 向留下的客户进行追加销售和交叉销售。

（一）最优资源配置

大多数管理者在决定将营销资源投向何处、怎样使用以及投在哪些客户身上时，面临预算限制。由于这些限制，他们在逻辑上是不可能接洽所有客户的。因此，管理者不得不对客户进行优先级排序，从而通过产品促销和优惠活动，仅仅接洽那些具有高优先级的客户。有好几个衡量指标可以用来对客户进行优先级排序，而在做此类决策时，管理人员经常掉入误导性衡量指标的圈套。在绝大多数情况下，管理人员会锁定易于获取并挽留的客户，而不考虑他们是不是有利可图。因此，这一方法存在严重缺陷，可能导致企业利用有限的营销预算去追逐那些无利可图或利润贡献低的客户，却忽视或忽略利润贡献高的客户。那么，管理人员应如何投入资源呢？

这个问题的答案是，应该根据客户的盈利能力而不是获取及挽留的难易程度来评估客户。最优分配策略根据客户未来的盈利能力进行评估，并推荐合适的营销举措。选择客户的依据是其 CLV 及其未来的盈利能力，一旦确定了要进行接洽的客户，就会出现以下问题：

(1) 这些客户对不同接洽渠道（电子邮件、电话、直接邮寄等）的响应程度如何，

如何恰当组合这些渠道？

（2）公司应该通过电子邮件接洽、打促销电话还是由销售代表来接洽？

（3）如果采用组合接洽策略，如何从每次沟通中获得最大效益？每位客户对这些沟通的敏感程度如何？

这些是企业在实施营销举措时面临的普遍问题。如何对有限的营销资源进行最优配置，从而产生最大影响或使得价值最大化，在很大程度上取决于企业的接洽策略、接洽频率以及沟通模式。因此在决定最优资源配置时，需要考虑以下因素：

（1）特定接洽渠道所涉及的成本；

（2）客户对特定接洽渠道的响应情况；

（3）接洽频率；

（4）不同渠道的接洽程度；

（5）每个客户的预期盈利水平。

图 8 提供了关于如何实施资源配置策略的实际示例。在图 8 中，根据目前的 SOW 及其 CLV 对客户进行了细分。由于 CLV 内含客户未来的消费潜力，因此根据忠诚度和盈利能力来对客户进行分类就成为一种有效的资源配置策略。从矩阵中可以看出，象限 I 中的客户具有低 SOW 和低客户价值，他们对企业贡献的价值极少，因此管理者应避免投资于这些客户，以规避损失。象限 II 的客户价值较高，SOW 较低。因此企业应转变策略，向这些客户推荐升级产品并进行交叉销售。象限 III 中的客户 SOW 很高，但

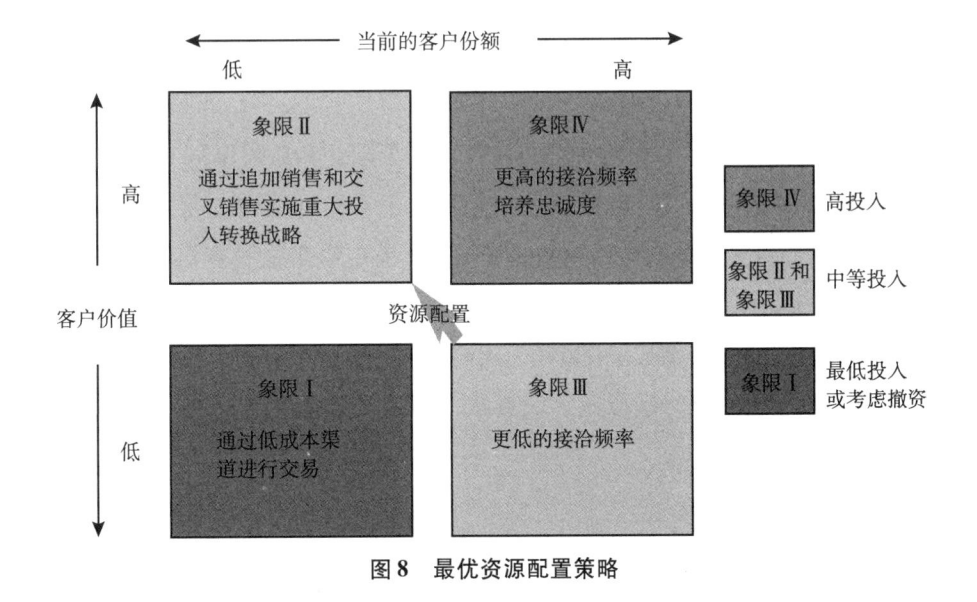

图 8　最优资源配置策略

客户价值较低，因此企业应将资源从象限Ⅲ转移到象限Ⅱ，以便提高象限Ⅱ中客户的SOW。象限Ⅳ中的客户SOW高且客户价值高，企业应将其视为客户忠诚度计划的主要目标对象，对他们花大力气，从而保持其忠诚度，使其盈利能力最大化。

某B2B公司曾经采用了该策略，结果证明该策略具有效率。① 在根据SOW和CLV对客户进行细分之后，应对每个象限的客户提出详细建议，以确定面对面接洽、直接邮寄接洽或电话销售的最优水平。这些建议对每个象限客户的影响结果令人鼓舞。表2列出了象限Ⅲ（CLV低、SOW高）的结果。对其他象限的分析结果类似。

从表2可看到，该B2B公司在CLV低的客户身上投入了太多资源，同样的情况发生在象限Ⅰ中的客户（低CLV、低SOW）身上。这个典型的例子说明了企业是如何追求低价值客户并将宝贵的营销资源投入在他们身上的。特别需要指出的是，该公司频繁使用极其昂贵的面对面接洽方式，从而大大增加了营销开支。建议该公司采用基于CLV的方法，减少面对面接洽频率，并保持通过直接邮寄或电话销售的方式进行接洽。通过将营销支出减半，该公司见证到象限Ⅲ客户的利润增长超过了250%。

表2　　B2B公司针对其低CLV和当前高SOW客户实施的最优资源配置策略

项目	当前策略	最优策略
营销支出（美元）	1291	612
面对面接洽频率	每2个月一次	每10个月一次
直接邮寄或电话销售的接洽频率（天）	8	8
利润（美元）	10913	28354

我们发现，该公司对高CLV客户的投入过少（象限Ⅱ和象限Ⅳ），这就阻碍了公司充分挖掘这些客户的盈利潜力。建议该公司采用基于CLV的方法，频繁联系这些客户（使用面对面接洽、直接邮寄或电话销售的方式），将花费在这些客户身上的营销开支翻倍。这些措施挖掘出了高价值客户的真正潜力，其利润贡献大幅增长。营销资源经过重新配置后，该公司的收入增长了100%，利润增长了70%。由此可见，通过仔细监控客户的购买频率、购买间隔时间以及利润贡献，管理人员可确定营销举措的使用频率，从而实现CLV最大化。

---

① Venkatesan, Rajkumar & V. Kumar, (2004) "A Customer Lifetime Value Framework for Customer Selection and Optimal Resource Allocation Strategy," *Journal of Marketing*, 68 (4), pp. 106–125.

(二) 针对既有客户开展追加销售和交叉销售

虽然上述研究主张通过交叉销售来挽留客户并获得客户利润,但交叉销售是否总能让各类客户带来更高利润呢?针对这一问题,最近的一项研究通过调查发现,并非所有带来利润的客户都会购买更多产品,也并非所有购买了更多产品的客户会贡献利润。[1]因此,企业在进行交叉销售时需保持谨慎。此外,该研究得出结论,企业应通过比较追加销售决策和不销售决策,来评估交叉销售决策。该研究还提出了一个规范框架来帮助管理者做出最佳销售决策,实现客户的长期利润贡献。

任何一个企业所面临的主要问题之一就是预测自己的客户接下来要购买什么。以金融服务公司为例,它为客户提供银行业务服务、信用卡服务、退休计划、抵押贷款等一系列服务。如果客户第一季度在该公司开立了储蓄和支票账户,那么公司能够预测客户在接下来的季度可能需要的服务吗?客户是否需要抵押贷款,银行是否该向他推荐购买信用卡?抑或客户需要一个退休计划?如果公司能够就此做出预测,那它将能提供针对性的信息、产品和服务,从而提高销售额。同时,还将帮助公司确定应该在各个细分客户群体上投入多少资源。

如果某个企业拥有多个产品,对该企业来说,可能不容易推测具体客户接下来要购买什么产品。但在企业看来,这种推测信息非常有价值,因为它可据此确定针对性沟通策略的内容和时机。这就需要开发一个购买顺序模型。我们的购买顺序模型[2]解决以下问题:

(1) 客户可能会以怎样的顺序来购买多个产品或分类产品?
(2) 预计客户会在什么时候购买产品?
(3) 该客户预期会贡献多少收入?

过去,我们通过分析客户过往购买行为并估计未来的购买行为来估计购买顺序。该模型涉及两个步骤:

(1) 估计客户在特定时间点实施其购买行为的概率;
(2) 估计客户在预测的时间点购买特定产品的概率。

---

[1] Shah, Denish & V. Kumar, "Research Before you Leap: Does Cross-Sell Always Lead to Higher Profits?" *Marketing Research*, forthcoming.

[2] Kumar, V., Rajkumar Venkatesan & Werner J. Reinartz, "A Purchase Sequence Analysis Framework for Targeting Products, Customers and Time Period," *Journal of Marketing*, forthcoming.

我们认为，客户选择购买特定产品的概率是人口统计、过往购买行为等各类变量的函数。管理人员在研究客户样本时，按照这些变量的相对重要性顺序来使用它们。最终管理者得到一系列概率，告诉他们哪些客户最有可能购买特定产品，特定客户最有可能购买哪些产品。在预测时间点购买特定产品的客户的最终概率，由购买什么产品的概率和什么时候购买产品的概率相乘而得。通过这些联合概率，管理者可以得到一个三维的概率立方体。图9表明管理者如何通过使用这个概率立方体来预测客户将购买什么产品以及何时购买。

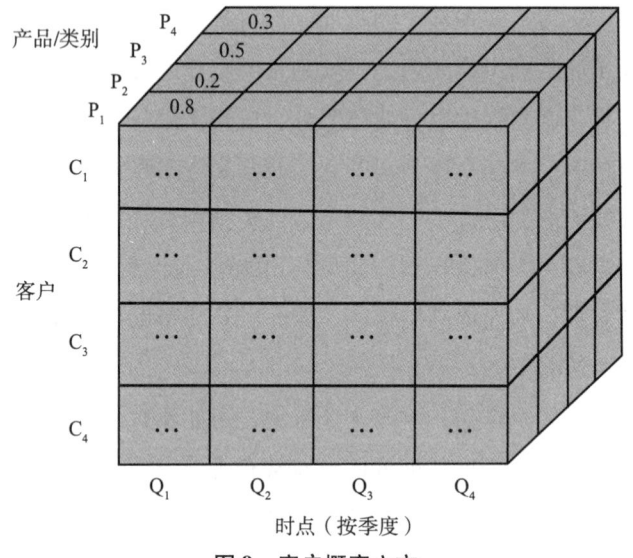

图9 客户概率立方

图9中的立方体表示某公司销售四种产品。图中编号单元格表示，客户1在第一季度购买产品1的概率为80%，购买产品2的概率为20%，购买产品3的概率为50%，购买产品4的概率为30%。从该图可以看到，各购买概率加起来不等于1，这是因为产品类别不是相互排斥的。该立方体也能让管理者识别哪些客户最可能在第一季度购买哪些产品，每个客户在其他三个季度可能购买哪些产品。

管理者可以通过各种方式来使用该立方体，比如，识别每个客户在一段时间内将购买什么产品，最有可能什么时候购买。此外，还可以识别最有可能购买每种产品的客户以及该产品的需求次数。这个信息框架可以帮助管理人员制定营销活动。那么我们如何生成该框架的输入数据呢？

有两种方法可以确定该信息。第一种方法（传统模型）认为，什么时候购买（购买时机）不会决定客户购买什么（产品选择）。第二种方法（我们的模型）则是以客户购买什么与何时购买之间的相互依赖关系为基础。虽然传统模型易于生成输入数据，但第二种方法确保了所生成输入数据的准确性。贝叶斯（Bayesian）估计的出现让现在的企业可以利用第二种方法（我们建模方法的前提）来生成可靠结果。

这种新方法考虑了产品选择与购买时机的相互依赖关系，而传统方法没有考虑这个相互依赖关系。在研究中，我们通过一家 B2B 高科技公司测试了这种新方法的有效性。[1] 我们用这种新方法，选取了 3 年内的 2 万个客户作为样本来导出概率立方体，所获得的结果远远优于用传统方法所获得的结果。

结果表明，同时考虑产品选择和购买时机（我们的模型）比分别考虑产品选择和购买时机（传统模型）的效果更好。我们用自己的模型进一步观察到，在预计会购买某个产品的客户中，有 85% 会实际购买产品（相较而言，传统模型下的该数据为 55%）；在预计不会购买某个产品的客户中，有 87% 没有购买（相较而言，传统模型下的该数据为 59%）。由此看来，传统模型的主要缺陷在于能够能准确预测客户将要购买的产品，但不能较好预测其购买时机。

为了测试我们的模型对利润和收入的影响，我们进行了现场测试。作为样本的 2 万个客户被分为测试组和对照组。测试组的客户接洽策略根据变量关系和新模型生成的概率预测来确定。对照组的接洽策略由公司的传统方法决定，该方法基于每个客户的收入、销售成本、接洽成本、购买前的接洽次数、利润以及年投资回报率（ROI）等信息。

对结果进行比较时发现，新方法将该 B2B 公司每个客户带来的利润平均提高了 1600 美元，相当于投资回报率提高了 160%。仅 2 万客户的样本就让公司利润提高了 3200 万美元。如果扩展至该公司的整个客户群体（20 万），潜在利润将增长 3.2 亿美元。因此，利用新模型来理解购买顺序不仅可以避免企业将宝贵的营销资源花费在无效客户身上，还提供了一种方法，帮助企业重新获得传统营销战略下可能正在失去的销售机会。

前述部分所回答的三个重要问题有助于管理者有效管理客户，从而提高企业的盈利能力。最近的一项研究涉及 IBM 公司，这家领先的跨国高科技公司面向 B2B 客户销售硬件、软件和服务。我们针对以上问题的答案进行了测试。[2] 具体来说，该研究旨在找

---

[1] Kumar, V., Rajkumar Venkatesan, & Werner J. Reinartz (2006), "Knowing What to Sell, When, and to Whom," *Harvard Business Review*, 84 (3), pp. 131–137.

[2] Kumar, V., Rajkumar Venkatesan, Tim Bohling & Denise Beckmann (2008), "The Power of CLV: Managing Customer Lifetime Value at IBM," *Marketing Science*, 27 (4), pp. 585–599.

出（1）应将哪些客户选为目标客户？（2）有没有方法可用来确定资源在选定客户上的分配水平？（3）如何培养选定客户，从而提高未来的盈利能力？该研究描述了 IBM 公司如何将 CLV 作为客户盈利能力的衡量指标，并根据 CLV 重新分配其营销资源。研究覆盖了大约 3.5 万个客户，与之前的分配规则（基于历史支出情况）相比，基于 CLV 的方法导致约 14% 的客户资源进行了重新分配。这种资源重新分配让收入增加了约 2000 万美元（增加了 10 倍），但营销投入水平没有显著变化，从而提高了投资回报率。

如果在正确的时间向正确的客户推荐正确的产品，就形成了高效的一对一营销活动。在这种情况下，企业可以选择个性化或定制方案。个性化方案中，企业确定（依据历史客户数据）适合客户的营销组合；在定制方案中，客户可主动指定其营销组合中的一个或多个元素。最近开展的一项研究提出了在理解企业和客户对所做出的个性化/定制方案进行选择时，面临的关键问题和挑战。[①] 根据本研究所提供的指引，企业应能有效设计一对一的营销活动，以锁定正确客户。

所以，如果前述部分所讨论的基于 CLV 的策略能实现利润增长，它能否创造股东价值？如果能，又如何创造呢？

七、将 CLV 与股东价值挂钩

管理人员需要为营销支出提供合理依据，为解决这一问题，我们在最近的一项研究中开发了一个框架，确定了企业应予以关注的关键指标，这些指标让企业能更好地管理客户并在未来不断发展。例如，在零售业务中，我们将关键指标分为客户指标和门店指标，管理人员可据此为公司开发一个营销仪表盘。该研究进一步确定了与 CLV 和股东价值等财务成果相联系的指标。[②]

一旦企业利用 CLV 创建了更好的客户管理战略，下一步要看 CLV 是否可以将营销计划的成果与以股价衡量的公司市值相挂钩。然而到目前为止，还没有这方面的实证证据。在最近的一项研究中，我们尝试将 CLV 与股东价值相挂钩，以便形成更加强有力的战略

[①] Arora, Neeraj, Xavier Dreze, AnindyaGhose, James D. Hess, Raghuram Iyengar, Bing Jing, Yogesh Joshi, V. Kumar, Nicholas Lurie, Scott Neslin, S. Sajeesh, Meng Su, Niladri Syam, Jacquelyn Thomas & Z. John Zhang, "Putting One – to – One Marketing to Work: Personalization, Customization and Choice," *Marketing Letters*, forthcoming.

[②] Petersen, Andrew J., Leigh McAlister, David J. Reibstein, Russell S. Winer, V. Kumar & Geoff Atkinson, "Choosing the Right Metrics to Maximize Profitability and Shareholder Value," *Journal of Retailing*, forthcoming.

洞察力。[1] 为了衡量公司的股东价值，我们用市值来计算公司的股东价值。这与先前的市场研究一致，两者都采用了类似的方法来计算公司的股东价值。[2],[3] 我们从财富"1000强"公司中分别选取了一家 B2B 公司和一家 B2C 公司来对该框架进行测试。研究结果表明：(1) 客户权益（CE）框架能可靠预测公司市值（MC）；(2) 旨在增加客户权益的营销战略不仅可提高公司股价，还可获得超出市场预期的业绩。该研究表明，由公司股价所确定的公司市值，与受特定客户因素驱动及企业营销干预措施驱动的客户权益之间密切相关。

在建立了客户权益（CE）与市值（MC）之间的联系后，我们利用这一关系来计算企业市值的变化。研究结果表明，客户获取率每增长 1%，B2B 公司和 B2C 公司的市值就分别增长 1.4% 和 1.9%。类似的，某产品在所有既有客户中的交叉购买量增长，可使 B2B 公司和 B2C 公司的市值分别增长 5.3% 和 7.5%。研究结果表明，当高 CLV、中 CLV、低 CLV 和负 CLV 客户在某产品上的客户获取率和交叉购买量增长 1% 时，如果仅针对高 CLV 客户开展获取和交叉销售工作，则其市值增幅（以百分比表示）是针对所有客户开展获取和交叉销售工作的市值增幅的 3 倍多。此外，如果公司获取了错误客户（即随后出现负 CLV 的客户），则公司市值会下降。

因此，公司可否借助所形成的洞察力来推出营销举措，从而提高公司股价？答案是肯定的。这将把营销战略及战术与企业的财务衡量指标整合起来。整合过程将会通过货币语言弥合 CMO 目标与 CFO 工作事项之间的差距。换句话说，营销人员可以量化营销部门对董事会提高公司市值这一主要日常工作所产生的影响。

企业在将 CLV 确定为衡量客户未来盈利能力的关键指标，并将其与股东价值挂钩，作为强化营销责任的一种手段之后，该如何将基于 CLV 的战略作为业务运营的框架来予以实施呢？

八、实施基于 CLV 的战略

在实施 CLV 时，企业所面临的主要挑战之一，是将其营销重点从以产品为中心转

---

[1] Kumar, V. & Denish Shah, "Expanding the Role of Marketing: From Customer Equity to Market Capitalization," *Journal of Marketing*, forthcoming.

[2] Gupta, Sunil, Donald Lehmann & Jennifer Ames Stuart (2004), "Valuing Customers," *Journal of Marketing Research*, 41 (1), pp. 7–18.

[3] Anderson, Eugene W., Claes Fornell & Sanal K. Mazvancheryl (2004), "Customer Satisfaction & Shareholder Value," *Journal of Marketing*, 68 (4), pp. 172–185.

向以客户为中心。以产品为中心的营销方法的基本理念是将产品销售给任何愿意购买的客户；而以客户为中心的营销方法则主张服务特定客户，为客户提供定制服务，因此，其营销重点从产品转移到了客户。对于以客户为中心的企业来说，企业与客户之间、客户与客户之间以及企业与企业之间的互动至关重要。所有这些互动行为的净聚合（即俗称的交互导向），有助于企业开发组织资源来成功管理客户。

最近的一项研究提供了一个路线图来帮助企业理解并克服主要的管理挑战，从而实现向客户为中心的转型。[1] 该研究确定了企业从以产品为中心向以客户为中心转变时所面临的四个障碍，包括：

（1）组织文化；

（2）组织结构；

（3）业务流程；

（4）财务衡量指标。

该研究认为，为了成功转型为以客户为中心的组织，管理人员必须首先做出承诺，并与组织的调整、系统支持、流程支持以及修正后的财务指标保持匹配。加之后续的学习和持续改进，企业将能够获得竞争优势，在市场上取得成功。总而言之，CLV 现已成为组织广泛采用的指标并对组织未来的业务实践有着深远影响。

---

[1] Shah, Denish, Roland T. Rust, A. Parasuraman, Richard Staelin & George S. Day, "The Path to Customer Centricity," *Journal of Service Research*, 9 (2), pp. 113 – 124.

评论

客户生命周期价值管理将大有作为

——点评《利用客户生命周期价值来获取、挽留和赢回有利可图的客户》

郭永清

客户是企业利润的来源，这一点毋庸置疑。企业的目标就是尽一切可能延长用户的生命周期，并且在生命周期中尽一切可能产生商业价值，因此，在营销管理类书籍中，客户生命周期、客户生命周期价值的文章可谓汗牛充栋，数不胜数。那么，本篇公告与这些文献相比，有何创新和特殊之处呢？笔者结合公告，谈谈一些想法和观点。

一、公告的贡献

在笔者长期的教学和研究中，对客户生命周期价值也很感兴趣，但是在阅读诸多文献中，发现一个很重要的问题：很少有人能够对客户生命周期价值进行准确、清晰的计量，讨论多数停留在文字和理论层面，而很少能够真正落地。本篇公告则很好地解决了这一重要问题。

本篇公告与类似文献比较，有如下创新性贡献：

一是严谨地定义了"客户生命周期价值"。客户生命周期价值定义为："某个客户在其整个生命周期内能为公司带来的累计现金流量——使用加权平均资本成本（WACC）进行折现——的合计数。"这一定义为客户生命周期价值的衡量打下了基础。

二是有效地解决了"客户生命周期价值"的计量问题，搭建了三个要素的框架，这三个要素包括：贡献边际、营销成本和在既定期间的购买概率。

在各类营销管理研究中，天然地认为价值是明确的，而很少有对"价值"进行过定义、界定和明确。但是在实际工作中，"价值"概念过于宽泛无法界定同时又很难用技术工具衡量。我们认为，企业管理会计中的"价值"，应该能满足通常所说的会计的确认、计量、记录和报告等需求，至少具备以下几个基本特征：

（1）可以明确界定，有比较确切的内涵和范围，即会计所说的"确认"。虽然管理会计的确认标准可以根据企业需求确定而不一，但能够"确认"应该还是管理会计的一个基本要求。

（2）具有很强的包容性，能够通用于管理的各个领域，包括运营规划、管理决策、成本控制、预算管理、绩效评价等。我们不能在管理的不同环节、不同领域使用不同的价值概念，否则根本无法建立其系统的管理体系。

（3）可以计量，这是"价值"最重要的一个特征。管理会计与战略管理、人力资源管理、营销管理等最主要的专业区别之一就是"计量"，否则，管理会计将与其他管理混合在一起。

（4）可以标准化，也就是说，在不同的发展阶段、在不同的企业，指的是同一个概念和内容。因为标准化，"价值"概念才可以得到广泛地推广和运用。

（5）符合管理会计实践的需求，可以在规划、决策、控制、评价中得到一贯而有效地运用。

公告以现金流作为客户生命周期"价值"的核心，可以满足上述特征，从而构建起一个严谨、逻辑一致的概念框架：（1）现金流可以明确界定。（2）现金流具有很好的包容性，易为员工理解和接受。（3）可以计量。（4）可以标准化，不同企业、不同时点的现金流都可以统一到同一个标准。（5）可以在管理的规划、决策、运营和考核等各个环节、各个方面加以运用。

上述两个贡献是企业真正开展客户生命周期管理的基础，否则，客户生命周期管理就是空中楼阁、无源之水、无本之木。

在此基础上，公告就如下问题展开了论述：

（1）如何确定需要留住、发展、获取或赢回哪些类型的客户和未来潜在客户？

（2）应该在各个客户细分类别上花费多少资源以留住、发展、获取和赢回这些客户？

（3）如何将客户生命周期价值与股东价值联系起来？

（4）如何实施基于客户生命周期价值的战略？

上述问题中的前三个方面在其他文献中已经多有论述，但是缺少前面所提到的两个基础性贡献，因此本篇公告相较于其他文献，其实践性、可操作性得到了极大的提升。

公告的第三个重要贡献，是将客户生命周期价值与股东价值建立联系，客户和股东的价值得到了统一，为企业高层实施客户生命周期价值管理提供了更加强有力的支持。

公告的第四个贡献，是指出了实施基于客户生命周期价值管理的战略需要解决的障碍，包括组织文化、组织结构、业务流程和财务衡量指标。

与 IMA 的其他公告一样，本篇公告提供了很多翔实的、具有操作性的案例、表格和图表，为如何在实际工作中应用公告提供了指南。

二、从客户生命周期价值看管理会计的边界

从上述分析可以看出，管理会计师是企业中唯一可以对很多无法衡量的内容进行准确计量的人，可以与企业所有部门进行合作以促进企业的管理效率和效果，提升企业的价值。这可能带来一个问题，即有读者在阅读 IMA 公告的时候，会对管理会计的边界提出疑问：管理会计既参与组织变革管理，又参与客户盈利能力管理和客户生命周期价值管理，是不是管理会计无所不能？作为企业管理的一个组成部分，管理会计是否存在着边界？

关于管理会计的边界，实务界和学术界都进行了很多探讨，笔者的看法是：管理会计的边界与管理的边界是一致的，即任何管理问题都需要通过会计来回答是否能创造经济绩效：帮助企业创造经济绩效的会计是管理会计，对企业的经济绩效结果按照既定规则（会计准则）进行描述的会计是财务会计。说得再通俗一点，帮助企业赚钱的会计是管理会计，企业赚钱后数钱的会计是财务会计，数钱的规则就是企业会计准则。企业创造经济绩效是一个开展活动为客户带来价值的过程，因此，与过程有关的会计就是管理会计。

企业创造经济绩效的过程，往小了说，是企业的研发、设计、采购、生产、销售、服务的过程；往大了说，就是从企业的战略规划开始，到投融资决策、运营管理，再到绩效评价。战略和投融资是考虑要赚取未来的钱，运营管理是要赚现在可以赚取的钱，因此，会计师们帮助企业创造经济绩效，就需要参与到上述过程并帮助企业改进这些过程，为业务部门提供服务和指导，实现"业财融合"，这就是管理会计"业财融合"的逻辑。一个企业创造价值的过程包括战略、决策、执行和评价，与之对应，管理会计也包括规划、决策、执行、评价四大职能。实现管理会计的职能就是会计师们与企业管理相融合的过程，就是会计师们走进业务、走进流程、走进数据、走进信息系统的过程。

这似乎带来了另一个问题：管理会计的四大职能与企业管理一致，岂不是企业所有事情都包含在管理会计范畴之内？其实不然。管理会计是一门学科的含义之一是：有些专门的管理技巧、工具和方法是隶属于管理会计学而不隶属于任何其他学科的。作为一门特殊的学科，管理会计有其自己的基本问题、特殊方法和特别关心的领域。管理会计区别于其他学科的本质特征之一是计量：需要对战略、决策、创新、客户、流程、绩效

进行计量。如果失去计量，就不是会计的范畴了。比如投资，战略规划部门可以从宏观环境、行业趋势认为哪个项目是好的，但在财务，就必须能够量化，有净现值、内含报酬率等指标。

总体而言，在实践中区分什么是财务管理、什么是成本会计、什么是财务会计，没有任何意义，企业需要的是经济成果。

三、大数据下客户生命周期价值管理将大有作为

如果说以前很难对客户生命周期做出分析和判断，那么，随着大数据时代的来临，客户生命周期价值管理将大有作为。举个简单的例子，一款社交应用，通过流失用户的特征分析，发现了如下的几个特点：流失用户中，40%的用户没有完善资料；没有导入通讯录好友的新增用户，流失概率比导入的高20%；新增用户在第一周使用中，如果添加的好友低于3个，则一个月后的流失概率超过一半；用户流失前一个月，互动率远低于APP平均值。这些特征很容易读懂了解，运营也很容易采取针对性的策略，例如良好的新手引导、引入好友推荐（想想当前各类手机APP）、增加曝光量乃至使用机器人等。如果数据化运营更彻底，可以通过运营和数据分析结合，将上述特征建模，得出一个比较准确的流失概率预测。用模型计算出某一类人群流失概率在80%以上，和知道什么样的人可能流失，在运营上是两个层次。

在大数据挖掘的基础上，本篇公告中的工具、技术、方法将大有用武之地。建议大家仔细阅读公告，结合大数据，应用客户生命周期价值管理来应对变化中的世界，提升组织的管理效率和效果。

组织运营变革与变革管理

关于作者

凯蒂·特雷尔（Katie Terrell），阿肯色大学沃尔顿学院会计系讲师，在此之前，她在泰森食品公司（Tyson Foods）工作五年，任职多项信息系统岗位，专注于业务分析和组织变革管理。特雷尔主攻的教研领域是会计管理系统及其对人类行为的影响。

一、执行摘要

组织变革管理在企业界并非一项新课题，但在项目实施过程中经常被忽视。如果项目实施过程中疏于对组织变革管理的重视，无论技术层面系统设计如何完善，都常常导致项目实施的失败。本公告将探讨员工对变革的认识和反应，尤其关注实施新系统时，个体对工作环境变革的一般反应及其原因所在，以及出现消极反应时如何缓解不利影响。

条理清晰的组织变革管理方案有助于识别和尽可能减少新系统或新流程实施所带来的问题及风险，公告将详述各业务领域相关的组织变革管理方案及其如何运用于管理会计工作。此外，公告还列举了员工在工作场所发生变革时常见的一些情绪反应阶段，并将相关阶段与典型的项目管理方案所包含的阶段联系起来。最后，公告介绍了组织变革管理过程的一些具有操作性的方法和工具，并可立即应用于实际工作场景中。在结束语部分，公告列举了变革成果的评估方法。

关键词：评估；业务分析师；变革曲线；沟通；COBIT框架；实施；迭代方法；运营变革；组织变革资源；组织变革管理；规划；项目经理；战略变革；主题专家；培训；瀑布式方法

二、引言

对企业而言，变革主要分为两类：战略变革与运营变革。本公告聚集于新系统或新业务流程升级及实施过程中的运营变革。公告首先概述了技术成功实施所需的项目管理方法，之后重点分析项目成功所需的组织变革管理活动。通过关联性活动分析，公告发现如果不关注员工对于组织变革的反应，通常会造成业务活动效率低下或者不得不采取高成本的应急措施，甚至可能导致项目失败。为避免员工行为导致的项目失败，公告给出了一些注意事项和适用工具。

公告附件中列举了一些组织变革管理活动的模板，适当修改后可用于实际操作。

三、范　　围

本公告针对受众群体为系统或流程变革中所涉及的财务和管理会计人员（包括具体实施者和变革接受者）。当然变革并非仅仅局限于财务和会计领域，同样适用于企业各职能部门的专业人员。公告重点探讨运营变革（如系统和流程变革）并以企业资源计划（ERP）系统的实施为主要案例，但文中所述工具或方法略加修改后也可用于其他运营或战略变革。此外，公告还简要介绍了一些项目管理方法，及其在不同组织变革管理活动中的应用，列举了支持组织变革管理活动的示范工具，但并未涉及确保项目技术层面取得成功所需的工具。

四、组织变革管理

组织变革管理（OCM）的目的在于：识别和减少新系统或新流程实施过程中的问题及风险。任何新系统或新流程引入过程中，组织都应开展一系列的组织变革管理活动，以便有效地就变革进行沟通并对相关人员进行培训。事实证明，要将新系统或新流程成功融入组织日常运营，组织变革管理是必不可少的。

在企业中，对所有职能领域（包括管理会计）产生影响的变革可分为两类：战略变革和运营变革。战略变革涉及企业文化、经营理念或企业使命的转变，运营变革涉及员工工作方式的转变、新系统或新流程的变革。运营变革也可能导致企业的使命或文化转变，从而引发战略变革。

通常战略变革将组织变革管理视为变革不可或缺的组成部分。战略变革会影响组织自身以及员工对组织的认知。若变革的目的就是为了改变企业员工行为和思维方式，那么其根本目标就是转变当前的思维方式，并建立着眼未来的思维方式。

不同于战略变革，运营变革通常以变革某一流程或系统为目标。当运营变革的焦点不是员工，而是员工工作中所采用的系统时，组织变革管理活动往往会被忽略。本公告重点探讨企业通过系统实施引入运营变革时应推进组织变革管理的原因及方法。虽然公告相关概念的提出是以新系统实施为背景，但文中所提及的方法同样适用于其他类型的运营变革。

在系统实施项目中，项目团队通常包括项目经理、业务分析师、程序员和其他主题专家。项目团队成员需要齐心协力，确保项目满足业务需求并且具备成功实施所需的技术条件。由于项目团队需要承担技术方面的职责，往往没有充足的时间从员工角度有效开展系统实施，所以组织变革管理可能被束之高阁。具有讽刺意味的是，在运营变革项目十大失败原因中，有七个要归咎于错失了组织变革管理的良机。

具体来说，当项目经理对于员工需求不甚了解时，项目变革管理往往不善且受到相关人员的抵触。如果项目实施忽视了人为因素，不论技术层面上如何高效，仍存在失败可能。在运营变革过程中，组织变革管理的目标在于确保相关人员接受变革，了解新系统的实施原因以及如何利用新系统开展工作。

充分管理和推进组织变革管理，可能需要扩大项目团队规模：至少需要安排一位专职人员，负责确保项目团队及受到运营变革影响的组织各部门了解系统及流程变革所引起的人为反应，以及相关应对计划的负责人。可能的话，由公司安排内部人员担任变革管理专员，或者根据需要聘请外部顾问担任该职务。即使项目团队未设置专职岗位，各项目经理应承担该岗位职责，推行组织变革管理。

从业务层面而言，雇佣外部顾问监督变革管理活动与组织内部自行监督的做法相比，优缺点并存。雇佣外部顾问的显著优点是外部顾问可以付诸全力投入工作。通常，外部顾问唯一的优先任务就是对变革管理项目进行监督。而公司内部员工由于需要履行日常工作职责，很难全身心支持运营变革。此外，外部顾问具有公司内部人员所缺乏的相关专业知识和丰富经验，这一点会带来两方面好处：首先，外部顾问既往的宝贵经验能够为项目实施提供重要的经验教训（企业自身可能无法甄别），有助于帮助企业规避风险隐患，并能在项目初期提供专业知识，从而缩短项目周期；其次，外部顾问能够成为项目不同团队之间的联系纽带，确保项目团队成员在项目实施过程中聚焦自身优势且不会陷入各自为政的风险，有助于公司从中受益。顾问应确保将项目的各个组成部分无缝连接在一起，使个人专注于自身优势领域，同时优化最终成品。最后，顾问具有客观中立性。这一点十分有益，在弥漫着不良情绪与办公室政治的公司尤为重要，因为个人偏见和小团体可能对项目决策带来负面影响。

当然，聘用外部顾问也可能存在某些缺点，最为常见的问题是聘用成本。而且，上述每一项优点都伴随着一定的缺点：虽然顾问提出的见解能够缩短项目时间，但也存在着相应的风险，即顾问所具有的知识无法为内部员工所有——当项目结束、顾问离开后，随之带走的还有相关技术和知识。如果将来需要相关知识来解决某些意料之外的变革、升级或支持问题，则会产生不必要的成本。此外，顾问自身积累的知识很少能与公司的需求完全匹配，这就需要公司与顾问之间开展广泛深入地沟通，以避免顾问为项目实施照搬千篇一律的方案。最后，顾问的客观中立性也存在一定的缺陷，不了解公司内部政治或文化环境可能导致顾问做出与公司文化形态相悖的决策。检查清单1中列出的问题，有助于确定外部顾问是否是特定组织和项目的合适之选。

检查清单1：在聘请外部顾问前需提出的五个问题

1. 公司内部是否已经拥有实施项目所需的知识？
2. 公司是否有资金再聘用一位全职员工？
3. 公司是否需要具备重复实施项目的能力？是否需要在公司内部保留这些知识和专业技术？
4. 公司文化是否会对获取外部协助造成阻碍？

针对以上问题，如果有两个或两个以上的答案是肯定的，那么外部顾问可能并不是公司项目的理想之选。

如情况并非如此，则回答以下问题：

5. 缩短项目周期是否比控制预算更重要？

如果您希望缩短周期，并且对上述4个问题的肯定回答不超过一个，则聘请外部顾问可能是公司项目的理想之选。

让外部顾问参与大型运营变革项目的有效方法是，安排一位内部员工专门负责运营变革项目管理。该员工可作为外部顾问与项目之间的联络人，帮助外部顾问适应公司的文化和政治氛围，同时员工向外部顾问学习公司未来可能会用到的新技术。通常，担任运营变革项目管理专职工作的候选人来自人力资源部、项目管理办公室或培训部门，但在当前一体化程度日益加深的商业环境下，该岗位也可以由受到运营变革影响的职能部门的个人担任。

虽然应安排个人或小型团队专门负责组织变革管理，但组织变革管理成功的关键在于，组织变革管理工作绝不能局限于某个小型团队。项目团队的每位成员均应接受组织变革管理培训，并切实认识到适当的沟通、受众评估和培训有助于项目成功。

管理会计师在系统实施中所发挥的作用对于组织项目管理至关重要。管理会计师除了发挥项目发起人或推动者的领导作用，还应作为主题专家提供专业指导和建议。管理会计师在项目实施的每个阶段都应该拥护变革、积极参与沟通，确保相关渠道能够契合公司新的发展方向，同时让每个人清楚地认识在变革之下任何人都无法独善其身，以此确保每个人都能够在变革执行之后予以接受。此外要注意的是，尽管超脱了组织变革管理活动范畴，但管理会计师在项目中要担负更多的职责，以确保新系统实施之后，组织仍具有足够的内控措施。管理会计师负有监督项目控制的直接责任，这也是减少运营变革实施过程中重大风险所必需的。

当今技术日新月异，发展速度前所未有。组织在不断采用新系统，转变业务流程并实现自动化的同时，不仅对专业变革管理的需求与日俱增，整个组织理解变革管理的必要性及其运作方式的需求亦是如此。

五、组织变革管理对管理会计工作的重要性

技术的进步促使许多组织产生了实施运营变革的意愿。特别是 ERP 的引入，凸显出所有职能部门开展流程变革的迫切需求。该等系统通过可整合企业各职能部门的功能模块，实现业务流程精简——不再仅仅是会计系统，而是能够为企业各职能部门提供共同支持的系统。ERP 系统使企业能够整合业务流程，使不同职能部门的管理人员更综合地了解业务流程与总体战略的契合程度，从而提高决策能力。早在 2002 年，就有 67% 的大中型企业开始使用 ERP 系统，21% 的企业开始考虑实施 ERP 系统；2004 年，企业针对 ERP 的费用支出达到 300 亿美元，预计今后每年会以大约 150% 的速度增长。

从"各自为营"的企业环境到一体化系统的广泛采用，加之数据储存能力的不断提升以及不同职能部门之间联系的日益紧密，宣告了一个全新趋势的兴起：大数据。

"大数据"概念从表面上来看十分主观，但在 2001 年，道格·莱尼（Doug Laney）以三个词阐述了"大数据"的核心特征：体量浩大、处理快速和格式繁多。数据存储系统决定了数据集的体量大小——如果特定数据集相对于目前所采用的存储系统显得"过于浩大"，且系统的数据处理速度低于有效速度时，那么该数据集就满足了成为"大数据"的两个先决条件。最后，数据来源必须多元化，这也是导致数据体量浩大的原因之一。ERP 技术及其所带来的不同职能部门之间的整合（跨越不同的沟通渠道和数据点），使公司存储和分析海量"大数据"更大的可能。2012 年，在美国 17 个商业部门中，有 15 个部门的平均数据储存量超过美国国会图书馆的数据储存量。这些数据正成为企业开展预测性分析，进而推动业务决策的依据，后者不再仅仅依赖于直觉与

经验。

事实证明，大数据对美国乃至全球多个行业的大中型企业都极具吸引力。根据《哈佛商业评论》2012 年对财富 1000 强公司所做的一项调查，85% 的公司已计划或已经开始实施大数据战略。麦肯锡全球研究所的调查结果进一步证明，大数据项目将持续增加。该研究表明，大数据项目增加将催生 14 万~19 万个高级分析师岗位以及 150 万个经理岗位，这些职位要求熟练应用大数据制定高效的分析决策。

越来越多的组织开始引入新系统和新流程，以期通过大数据受益，同时努力保持传统会计系统所提供数据的完整性。管理会计师具备绝佳条件助力所在组织实现目标。数十年来，会计师一直认为其工作不仅是做好财务记录和编制财务报表。这种观点最早可以追溯至 19 世纪 50 年代，当时，数学教授戴奥尼索斯·拉德纳（Dionysius Lardner）根据客流量来预测铁路票价变动带来的影响，而到了 20 世纪 20 年代，迈克尔·查特菲尔德（Chatfield Michael）在《会计思想史》（*A History of Accounting Thought*）中就将内部管理决策（而非仅仅是外部财务报告）认定为会计师的职责之一。

ERP 系统的广泛采用以及大数据的应用提供了一个机会，使得管理会计师作为组织决策价值贡献者的传统职责得以延续。管理会计师需要全面参与到项目之中，他们拥有推进运营变革的相关知识和技能，应成为全方位的业务伙伴而非偶尔被呼来唤去的对象。管理会计师必须通过组织变革管理来引导涉及所在部门系统和流程变革的项目取得成功。

六、公司变革对员工的影响

更新运营系统将不可避免地导致组织层面的变革。不论是积极变革还是消极变革，人们在尝试接受变革时总会出现情绪反应。根据个人的情商和适应能力，其接受变革的意愿可能会受到不同程度的阻挠。不论接受变革所需时间的长短，个人对变革的反应可以通过伊丽莎白·库伯勒-罗斯（Elizabeth Kübler-Ross）的"悲伤周期"（Grieving Cycle）中的不同阶段来描述，参见图 1 变革曲线。

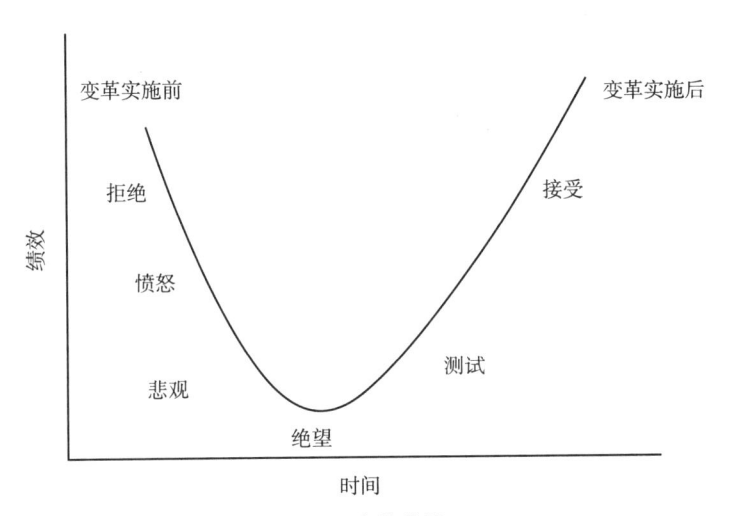

图 1　变革曲线

变革曲线是根据约翰·费舍尔（John Fisher）1999年提出的转变曲线（Transition Curve）演变而来的。变革曲线描述了随着时间的推移，变革所带来的情绪反应及其对绩效的影响。曲线显示，变革初期，大家的情绪反应强烈，导致绩效随着时间不断下滑。这种情况一直持续到曲线开始上升，绩效也开始回升到最高点。这种周期现象适用于工作场所内任何类型的变革，尤其是改进或替换系统或流程时更为明显。如果绩效较之变革之前有所提升，则项目通常被视为有效。如果绩效未能有所提升，甚至跌至原水平之下，则该变革被视为失败。

变革曲线中所描述的情绪反应包括六个阶段：实施前；拒绝；愤怒、悲观、绝望；测试；接受；完成变革——项目实施后取得成功。

阶段1：实施前

在实施变革之前，员工处于变革实施前阶段。在这一阶段，员工所处工作状态是否保持良性取决于企业的文化氛围。

若新项目将对整个组织产生影响，则新项目启动之前必须对企业进行一次文化氛围评估——这有助于深入了解可能出现的抗拒程度，以及员工对其工作环境的忠诚度（以及在面对变革时表现出的忠诚度）。如果不论文化氛围评估的结果如何，项目团队都决定继续推动变革，则员工将从实施前阶段进入变革启动阶段。在该阶段，他们都不清楚即将发生的变革，仍然满足于现状。在良性的文化氛围中，员工一般都能自信地完成工作任务。他们准时上班，表现良好，与同事相处融洽。

下文将探讨文化评估的对象及其结果将对未来的组织变革管理产生的影响。

阶段2：拒绝

变革在推行初期常会遭到拒绝。也许以前曾推行过相似项目但以失败告终，所以员工不认为这次变革会取得成功；也许他们不认为自己的技能会被不断加剧的自动化趋势所替代。不管出于何种原因，员工通常会有抗拒实施变革的想法。在这一阶段，绩效不会有大幅下滑，因为他们不相信真的会发生变革。

阶段3：愤怒、悲观、绝望

随着项目团队开始收集需求并与员工面谈，从而对当前流程或系统进行评估，员工将不再停留在抗拒阶段。当发现自己必须抛掉已经掌握的知识、需要学习新系统或流程后，很多人可能会出现愤怒和悲观情绪。随着项目的推进，消极情绪可能继续增长，他们对"不请自来"的项目的愤怒心理会越来越严重。最重要的是，因为参与项目变革导致他们无法完成现有的工作任务，只能任由绩效下滑或者努力加班才能维持业务的正常运作。

在变革曲线的最低点，员工可能会经历情绪上的最低潮，接近于绝望。这种绝望心理会随着对工作不保的担忧进一步加剧，虽然这一切并非他们的过错。美国从业者最恐惧的事情莫过于失业。这种恐惧会出现在组织变革期间，因为从业者害怕自己会被自动化取代，或者担心掌握不了新系统或流程。

当员工的负面情绪到达这种程度时，他们会出现"心理旷工"（quitting in place）——他们仍然到公司上班，但心思已不在工作上，积极性大为降低。发生这种情况，员工的绩效会下滑到最低点，这点不足为奇。这种绩效低点可能产生三种后果：员工意识到现状并不尽如人意，于是准备辞职；员工开始接受变革举措并提高绩效；或者员工将会被辞退。如果员工仍留在工作岗位但拒绝接受变革，则可以考虑辞退该员工或将其调任至其他部门。虽然辞退员工或调任员工的相关决策流程并非本公告所讨论的范围，但我们要意识到，可以通过裁员来节省企业成本，特别是在技术飞速发展、自动化程度不断加剧的时代。公告所讨论的变革管理事宜，将主要围绕那些在整个项目实施过程中仍留在工作岗位、需要接受新系统培训的员工而展开，但要注意的是，对于那些被辞退或调任至其他部门的员工，必须让其充分了解新岗位和工作职责的变动情况，并且要与员工进行开诚布公的沟通。

阶段4：测试

绩效提升的第一个迹象一般出现在项目团队开始为员工提供新系统或流程测试时。员工如果有机会体验新系统并知道自己在其中表现如何，那他们对自己的学习曲线，以及工作中的技能影响会有新的、更准确的认识。如果体验良好，员工的消极情绪将开始消退。反之，测试也可能产生负面效果。

系统设计或构建不完善、测试员培训不足或者同时存在这些问题，将可能带来负面测试体验。如果发生负面体验，则员工的变革曲线会继续下滑，直至该测试结果转为正面——即所碰到的问题都得到了纠正且员工得到了充分培训（注意，项目测试阶段务必要取得成功，否则负面体验可能导致员工陷入变革曲线上一个无法回升的低谷）。

阶段5：接受

随着项目临近成功收尾阶段，大多数员工可能会接受变革，绩效也将回升至与变革发生前相似的水平。他们要么接受了充分培训，能够使用新系统开展工作，要么确信自己能够在变革期间保住工作。

如果培训失败或变革错过截止期限，则员工可能会跌回变革曲线的低点，直至错误被纠正。

阶段6：完成变革——项目实施后取得成功

只有当员工绩效超出项目开始前的水平，才可以认为项目实施后取得了成功。如果员工很难维持变革前的绩效水平，为了圆满结束变革还需要做些工作（即使系统变革已全部实施完毕）。如果未能采取适当措施以达到原绩效水平，员工可能无法理解其新的工作职责，或者不清楚如何在新系统中开展工作。他们可能不会采纳新系统或新流程，而是寻找一些变通方法，这通常导致效率低下、代价高昂而且影响员工士气。

组织变革管理的目的不是让企业免受变革曲线的影响，而是努力减少该曲线带来的影响。希望组织变革管理活动能够消除变革带来的所有负面情绪或不良反应是不可能也是不合理的，但我们仍希望通过组织变革管理技巧减少曲线的深度、将变革对绩效的影响降到最低并帮助员工在最短的时间内接受变革。如何使用组织变革管理技巧来减少变革过程对绩效的影响呢？请参见图2，改进版变革曲线。

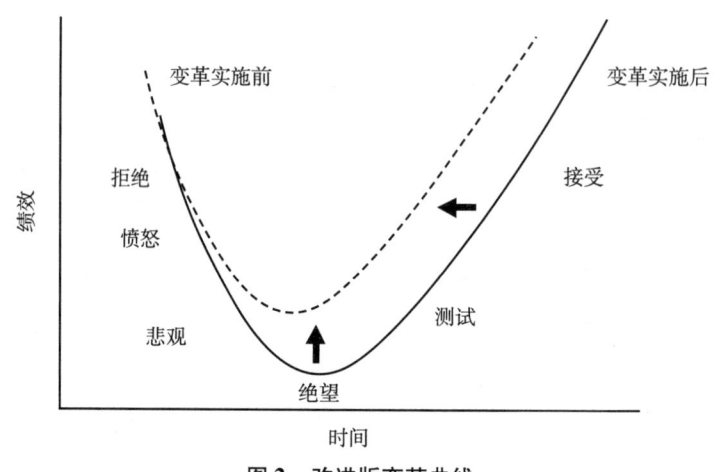

图 2　改进版变革曲线

要帮助个人克服对变革的消极反应需要进行认真的规划。这个规划过程基于相应的方法论，这也进一步表明为何与变革有关的每个人都应该精通组织变革管理以确保变革最终取得成功。

七、项目管理方法论

在介绍减少变革曲线影响的相关技巧之前，必须先说明一下项目管理方法论。从传统角度，"方法论"通常是对方法的理论性分析。但在项目管理领域，"方法论"是指系统开发流程规划和控制系统开发过程的框架。项目管理方法论有很多，但不同项目适用于不同的方法论，所以选择项目适用的方法论之前必须首先对各种不同的方法论进行评估。

项目管理方法论可以用区间来定义，其中一端为迭代式方法论，另一端为瀑布式方法论。迭代式方法论周期短，所涉及变革内容零散，影响小。瀑布式方法论是一个更为传统的开发模式，在瀑布式方法中，整个变革过程被有序设计和建构，以确保可以立即同步实施。区间的这两个极端各有优缺点，在这二者之间还有其他多种选择方案。不管怎样，设计合理的项目管理方法论，加之项目团队熟知变革的不同阶段，将有助于从技术角度保证项目的成功实施。

公告将介绍一个包含四个阶段的系统周期方法论，该方法论倾向于上述区间的瀑布式方法论。这种方法论基于美国信息系统审计与控制协会（Information Systems Audit and Control Association）提出的第五版 COBIT 框架——这是一种在全球受到广泛认可的信息系统审计的标准框架，在实施系统变革的同时确保对项目的全面控制。其所包含的阶段及具体任务内容如下：

（1）项目规划——分配项目团队、预估完成项目所需时间和资金，并优先处理与业务问题或机遇有关的工作。

（2）系统和流程分析以及概念设计——分析系统或流程的现有状态，收集对创建新系统/流程或升级系统/流程的需求，确保变革后功能不会改变，并设计出能够满足规划阶段所确定目标的新系统和流程，同时根据需求维持相关功能。

（3）系统和流程开发及测试——根据设计方案建构系统或流程；对其进行测试以确保相关问题或商机得到解决或充分利用，同时不影响其功能性；最后，设计一个支持和维护架构，确保员工操作新系统遇到问题时会有一套应对方案。

（4）实施和支持——实施变革，推行支持和维护架构。当阶段 3 确定了支持和维护架构后，阶段 4 为具体落实阶段并视情形需要对项目计划进行调整。

八、组织变革管理活动

项目管理方法论有助于避免项目因技术错误而遭遇失败，但正如上文所述，项目可能因为技术外的原因而失败。金赛咨询服务公司（Kinsey Consulting Services）的卡罗尔·金赛·高曼（Carol Kinsey Goman）认为，60%~75% 的变革失败原因在于"人为因素"。组织变革管理活动与项目管理方法论的时间表保持一致，有助于避免项目因人为原因而失败，能够减少变革曲线对绩效的影响并促进员工参与变革。变革要取得成功，应该将技术层面和组织层面的变革所采用的两种方法论相统一。人为抵触情绪的消除和规划工作，与系统或流程建构中的规划工作同等重要。

设想一下与系统生命周期相匹配的高效组织变革行为：企业要管理那些受变革影响最大的员工的情绪，员工在系统和流程开发及测试阶段初期能够到达变革曲线的最低点，并在该阶段快结束时开始攀升。图 3 显示了与变革曲线同步的系统生命周期阶段。

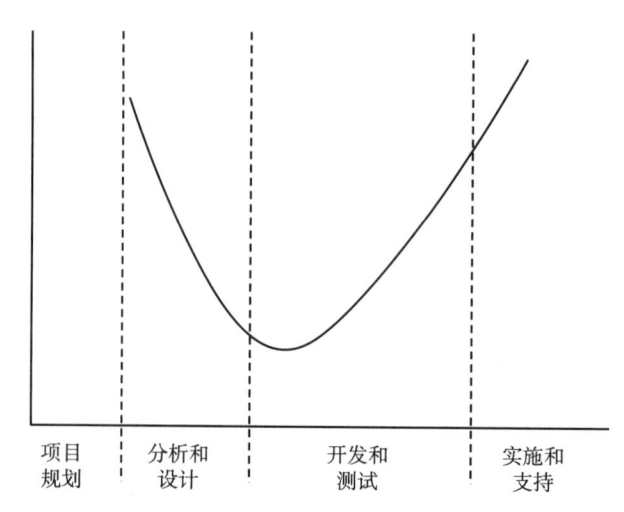

图3 与系统生命周期阶段同步的变革曲线

除了受变革影响较大的员工外，组织变革管理也应对那些受变革影响较小的员工做出相应的规划。这些员工同样会到达曲线的低点，需要给他们留出充足的时间来实现变革后绩效恢复。举例来说，一个受变革影响不大的员工可能在项目后期到达曲线低点（他们的低点没有上述受变革影响较大的人员那么低），且其要达到变革后绩效所需的时间也不用那么长。组织变革管理的一个重要目标是确认哪些员工达到变革后绩效所需的时间最长，如何与他们沟通并提供培训，以保证变革能在项目要求的时间计划内实现。

九、缓解变革曲线的影响

如果不开展组织变革管理，变革曲线可能在系统生命周期的任何时刻停滞。比如，如果某个受组织变革影响的员工未被提前告知变革活动，那他要到变革开始实施时才会进入"拒绝"阶段。

为尽可能降低变革曲线的影响，必须开展各项沟通活动。从项目构思到实施后支持的每个生命周期环节，都要进行沟通交流。在整个项目过程中，以下三类沟通活动有助于推动组织变革管理：

（1）评估活动；

（2）分析活动；

（3）采纳活动。

评估活动应与项目规划以及系统/流程分析阶段同步进行，分析活动应与系统/流程分析及概念设计阶段同步进行，采纳活动应在系统/流程开发及测试阶段开始并在实施后结束。与上述三项组织变革管理活动及项目管理阶段同步的变革曲线如图 4 所示。

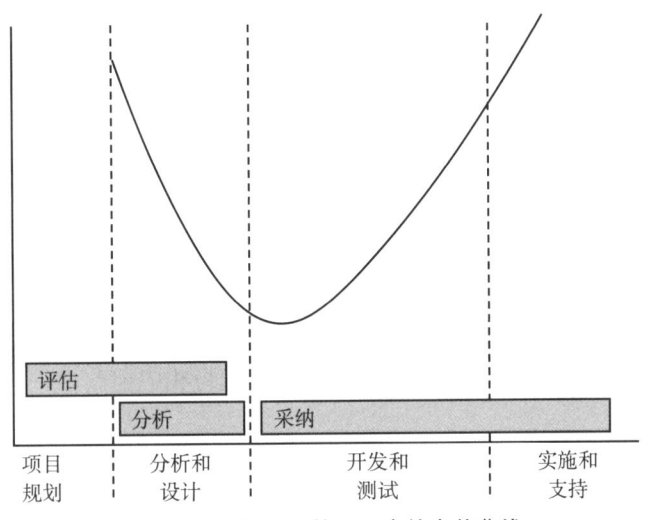

图 4　与组织变革管理同步的变革曲线

这三项活动有助于实现组织变革管理的首要目标：确保员工彼此交流并尽早开展互相协作。图 5 为所有组织变革管理沟通活动及其执行先后顺序的概要流程图。

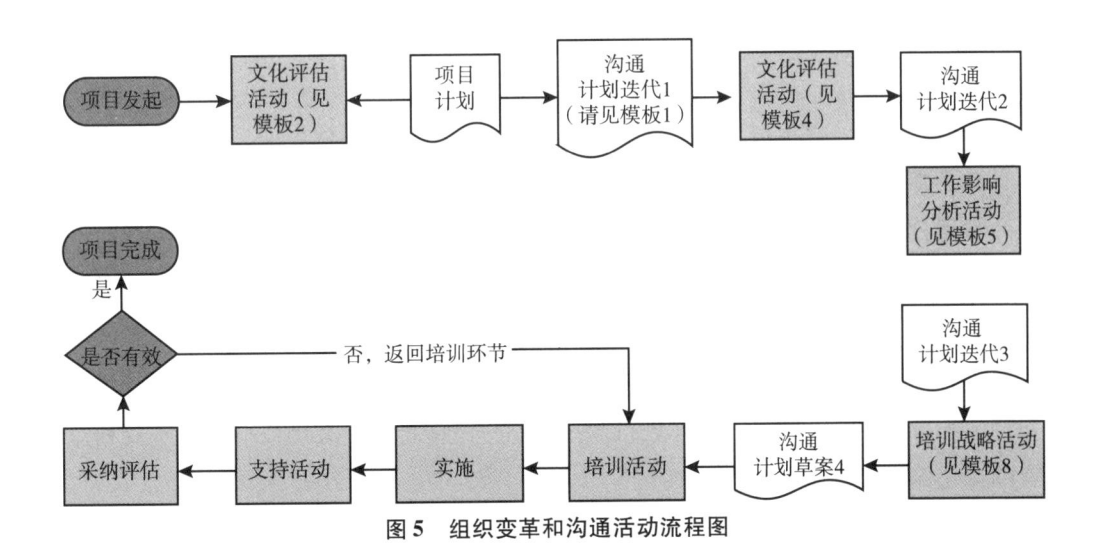

图 5　组织变革和沟通活动流程图

形成可交付成果：沟通计划

制定一份沟通计划，用来记录组织变革管理中的沟通活动。首先，沟通计划应确定每位员工参与变革的起始时间、了解参与变革后所需的沟通频率。随后，应提供一份执行方案——包括确定合适的沟通人选、采用适当的媒介向每位员工传递信息。具体可参考模板1（见附件）制定项目过程中的沟通计划。

回答与沟通计划有关的问题，在整个项目生命周期中是一项不断重复的活动。沟通计划应至少包括四次重复性的迭代活动。

在详细解释计划表每个栏目的具体内容，以及如何完成每次迭代活动之前，我们要强调的是，沟通计划表要保持灵活性和响应力——应对文化和员工进行持续性评估，并随着项目时间表或员工文化的改变，对沟通计划表进行相应地改动，即使在两次迭代活动之间亦如此。

十、评 估 活 动

可交付评估成果包括文化评估、公告函和员工评估。

（一）形成可交付成果：文化评估

在项目开始前，就应对文化、波及的员工以及项目本身进行评估，以便为接下来的工作打好基础。此外，还必须对成本/收益进行初步分析，确保对项目负起相应的财务责任。管理会计师应肩负项目整个生命周期的成本/收益分析和监督责任（该议题不在本公告的探讨范围内）。在实施任何重大组织变革之前，都必须进行文化评估，以确保企业做好了经受变革冲击的准备。网上不乏可供选择的文化评估工具——有些供人们免费下载，有些则价格昂贵。受到普遍推崇的工具可能费用更高，所耗费时间也较长。如果初期不想投入过高，则可以考虑进行简单评估——即将现有文化与不同团队及利益相关者的文化偏好进行比较。

模板2（参见附件）为用来进行组织文化评估的基本范例。建议初期先进行匿名调查，之后再召集一个焦点小组，详细讨论调查发现的问题。虽然理想的成果还有待深入讨论，但在完成此次评估后，专职负责组织变革管理人员和项目团队应就"现有文化"

与"理想文化"之间可允许的偏差达成共识。

在完成文化评估后，需要确定企业文化是否已做好开展组织变革的准备。如果文化评估的效果不佳，则应暂时搁置组织变革项目，并致力于改善企业的准备工作。此时，可以考虑聘请外部顾问，凭借其在文化评估方面的专业知识和工具，帮助企业做好变革准备。

如果项目团队决定继续推进文化评估结果不佳的项目，而且也不花时间做相应地准备工作，则不建议聘请外部顾问来执行组织变革管理工作。文化评估结果不佳意味着企业非常抗拒变革，在这种情况下，由公司内部利益相关者介绍和管理变革项目，员工会更容易响应。

反过来，如果文化评估结果显示企业文化已做好变革准备，则项目可以继续，其余的评估活动应在项目初期进行，并且应与系统生命周期中的项目规划阶段保持同步。在该阶段还应确定项目的预计时间表。项目计划大多由项目经理或业务分析师负责制定。负责组织变革管理的专职人员会根据项目计划所确定的主要受众，以及系统生命周期每个阶段的预计日期安排，建构沟通计划的首次迭代活动，并根据受众和日期制作各个阶段的公告。

除项目计划外，还须完成两个任务才能进入沟通计划的第二次迭代活动：公告函和受众评估。

（二）形成可交付成果：公告函

必须制作公告函以确保所有受影响的员工都理解和接受项目变革带来的益处。如果缺乏关键利益相关者（即对受影响受众最有号召力的人）发出的签名公告函，变革的益处就会荡然无存，受影响的员工自然就只会关注变革的负面影响。

制定公告函时需回答以下问题：

（1）项目的范围是什么？

（2）项目的时间安排如何？

（3）项目可以带来什么益处？

这些问题的回答有助于制作公告函。模板3（请见附件）提供了一些公告函的示范文本，带中括号的空白区域可填写项目的实际范围、时间计划和益处。

（三）形成可交付成果：受众评估

公告函制作完成后，就要开始确定需要接收这些信息的特定受众。这个工作应体现在受众评估结果中。

受众评估结果应在系统和流程分析及概念设计的初期阶段生成，是为了获得（比项目计划制定时）更多有关变革及受影响员工的信息，从而确认受到该项目影响的每个工作团队。每个团队都被确定为一个独特受众，然后根据每个团队的变革历史、当前接受变革的能力以及工作环境，为他们评定一个变革抗拒水平。该结果很大程度上来自文化评估。

形成该交付成果时需回答以下三个问题：

（1）哪些受众会受到影响？他们分布在哪些部门？

（2）每个受众偏好的沟通媒介是什么？

（3）对每个受众最有影响力的人（关键影响人）是谁？

（4）每个受众的抗拒程度？

前两个问题通过采访变革波及的不同受众，很容易获得答案，但要找出后两个问题的答案需要多费些心思。首先应建立一个重要的认知，那就是，一个团队的关键影响者可能并非他们的上级领导，而是对他们最有影响力的人。对很多企业团队而言，可以根据其行政管理系统找到关键影响人，然而在其他场合，尤其是那些企业行政系统之外的团队或者那些成员地理位置非常分散的团队，关键影响人可能是某位敢于为团队挺身而出的成员。对于外部顾问来说，要找到一位不在管理系统内的关键影响人可能很难（虽然并非不可能）。如果聘请了外部顾问，应安排一位组织内部有丰富经验的内部员工从旁协助。

最后一个问题的答案可以参考文化评估结果。每个受众都会对应三种抗拒水平中的一种：低度（已经开始支持项目实施的团队），中度（中立的团队）或高度（代表项目风险的团队，具有很高的抗拒水平）。抗拒水平将为确定沟通频率和培训类型提供参考。

模板4（参见附件）为受众评估表格范例。该模板仅供参考，可根据项目需要删减或增加列数。如果模板中有记载变革抗拒水平的栏目，则务必注意该文件的保密性，以防高风险团队看到自己的排名水平——如果看到自己的排名，风险团队的抗拒可能加剧。

一旦完成受众评估，就应该对沟通计划进行修改。"受众"和"媒介"字段应更新为具体受众及其首选的沟通媒介，而"发送人（sender）"一栏则填上每个受众的关键影响者。在评估活动结束后，受众评估仍应继续进行。在剩余的分析和采纳活动中，应不断地重新审视受众评估。该交付成果是为沟通计划中的"受众"部分提供的内容。

如果未填写具体受众，它将无法接收任何沟通或培训信息，一旦实施变革，将导致抗拒变革风险急剧上升和业绩的急剧下降。

十一、分析活动

一旦确定时间计划和主要受众并与之进行沟通后，就应确定每个受众受到影响的方式和程度。该分析将决定"工作影响"分析结果的生成。

形成可交付成果：工作影响分析

工作影响分析报告描述了每个受众的现有流程与变革实施后的预期流程之间的区别，指出了二者的差距。通过对每个受众的工作影响分析，可能会发现新的受众群。为确保每个受众都已纳入受众评估中，我们必须充分记录现有和预期过程，以挖掘出更多可能受到影响的团队或个人。

编制该工作影响分析报告时需回答以下三个问题：

（1）每个受众的工作职责会受到怎样的影响？

（2）哪方面会受到影响：受众的系统交互？流程？或二者兼有？

（3）每个受众需要哪种水平的测试？

这些问题可通过工作跟踪、观察、面谈及焦点小组等方法得到解答。将获得的信息与变革后的预期流程进行比较，评估确定变革只发生在系统交互中，还是会影响受众的现有流程。这些不同的影响将有助于确定恰当的培训方法。

前两个问题获取的信息用于完成工作影响分析——该交付成果的范例参见模板5（参见附件）。分析完成后，将每个受众的流程差距与受众评估时确定的变革抗拒水平相结合，补充每种沟通频率和目标等内容，从而更新沟通计划。表1显示了工作影响和抗拒水平的评估结果，以及负责组织变革管理的专职人员针对每种情况应采取的回应行动。

表 1　根据影响和抗拒水平制定的行动计划

		影响水平		
		低	中	高
抗拒水平	低（支持型）	即使这些团队都能给予支持，但他们的影响不大。他们不需要过多的培训，但是他们的影响力有助于提高大众的支持和接纳水平		影响深远的是他们有很高的影响力和支持水平想办法使这些员工成为最佳"布道"人选
	中（中立型）	所需沟通和培训最少	鉴于他们的影响力以及受变革影响的程度，不应只专注于变革培训，还要转变他们的抗拒态度，由抗拒转为支持	
	高（风险型）	每个高风险的员工都可能使项目风险加剧，不论其影响多么微小，都应定期与他们沟通，提升他们的接纳程度		

最后，第三个问题明确了从实际工作出发所需的沟通和培训方案（在采纳流程中制定）。不论抗拒水平如何，如果受众预期会在新系统或流程实施前参加测试，则需尽早与其沟通并为其提供培训。

十二、采纳活动

采纳活动是评估和分析活动的收尾阶段。在确定了所有受众，并全面分析其抗拒水平和工作影响后，下一步就要开始策划如何对每个受众开展培训，让所有成员做好项目实施的准备工作。采纳活动有助于确保每个受众了解如何在项目实施后取得帮助和支持。

采纳阶段会产生三个成果：支持计划、培训方案和采纳评估。与评估活动中所用的项目计划类似，该支持计划一般由项目经理或业务分析师负责制定。考虑到必须让每位受影响的员工知道，项目实施后如果遇到问题可以向谁或哪个部门求助，因而该计划对于组织变革管理具有重要作用。如果没有有效的支持计划，再好的培训都是徒劳。负责支持新系统或流程的团队，不仅需接受有关项目变革的全面培训，还需熟知所有培训文件及其存放地点，在员工有困惑时可以准确地找到相关文件并从中获得适当的指导。

虽然包括项目计划、受众评估和工作影响分析在内的前期可交付成果，只是一些可以提供信息的简单工具，但是采纳活动中所取得的结果，如沟通计划，则完全可以直接付诸行动。每个可执行的交付成果均由提供信息的交付成果构建。

形成可交付成果：培训方案

培训方案详述每个受众所需的培训数量、培训方式、培训师和时间。项目时间计划和测试计划中列明每个受众开始培训的时间，以及他们需要何时做好准备与新系统进行交互。

制定培训方案时，需回答以下问题：

（1）根据抗拒水平和测试要求，培训应如何安排？

（2）每个受众应接受何种程度的培训？培训目标是什么？

（3）适合每个受众的培训方法是什么？

（4）由谁负责编写培训材料并开展培训课程？

前两个问题可从每个受众的项目时间表和工作影响分析中得到答案。这两个问题也是回答后续问题的依据。

第三个问题是寻找适当的培训方法。这决定了培训的目的，是为了获得概念，还是技术，或者二者兼有。

概念培训的重点在于确保受众完全接纳该项目，并且充分认识到项目益处。下述两种情形需要开展这种培训：

- 对受众影响微小，这种情况只需开展概念培训即可；
- 工作影响显著。该培训可以为受众做好接受技术培训的准备，让他们提前了解后续工作并提出疑问、建立自信。当工作影响特别高时，则有必要同时开展概念培训和技术培训。

技术培训的重点是实践类培训，员工借此可在新系统或流程中重塑自己的工作职责。这对于直接在新系统或流程中工作的员工来说是必要的。在实施变革前，给予员工有机会在新环境下培训的机会是至关重要的，这有助于避免实施后绩效出现不必要的下滑。

第四个问题用于确定培训内容的传播方式，可以采用讲师授课的课堂型培训，也可以采用自学型培训，或者二者兼而有之。考虑到时间和财务资源的有限性，通常需要讲师授课和自学相结合的混合培训方式。受众的抗拒水平和变革的复杂程度会影响该决策。抗拒水平越高或变革越复杂，安排的讲师授课型培训课程越多，效果可能越显著。不幸的是，在有些情况下如员工分布很广，针对个人的面对面的讲师授课方式就不可行。其他备选方案有现场远程授课（如使用 webcast 技术）或提供提前录制好的自学材料，配之以电话会议和明确的指导计划书来提高学习效果。

培训方案必须足够详尽且清楚，以便将培训课程和会议邀请函轻松加入沟通计划书中。培训方案示例参见模板6（见附件），可用该模板为每个受众制定不同的培训方案。

邀请员工参加培训并与之一起工作，不仅仅是为了确保他们能完成工作职责，也是评估新系统或流程采纳所必需的。

十三、评估组织变革管理工作的成果

在完成核心的组织变革管理活动并实施完运营变革后，还有最后两个问题有待回答：如何确定工作是否成功？项目何时算是成功完成？这两个问题在项目实施后才能回答，但在系统/流程开发及测试阶段就应该确定评测成功的标准。

评估成功的第一步是评测团队是否得到充分的概念培训。员工如果无法理解和接受项目带来的益处，就不会努力学习新系统；当他们想办法沿用以前的老方法履行职责或想出一些变通方法时，那之前所接受的培训也将付之东流。通过调查、焦点小组和项目实施后审查，可以评估概念培训成功与否。项目实施后的审查活动是指由专业人士主持的会议，会上将对此次项目汲取的经验教训（不论是正面还是负面）开展正式讨论并加以记录，以用于未来的项目。该审查活动可能还会包括一些会前调查，即让项目团队成员以匿名方式评价不同项目组件部分的成败。概念培训中所用的每种评估方法的利弊参见表2。

表2　　　　　　　　　　概念培训活动的评估

活动的类型	利	弊
调查	匿名调查让员工可以自由分享他们的项目体验和对项目的支持，以及他们认为的项目优点	存在无反应偏差的风险。一般只有对变革有强烈感受的员工才选择参加匿名调查
焦点小组	参与度更高。通过与某个受影响团队开展公开讨论，可以确定哪些人参与项目	无法匿名可能会导致有些员工不愿意发表自己的真实想法，或者选择不发表意见，因为他们并非完全理解项目的益处
项目实施后审查会议	以会前调查的方式让参与者享有私密感，而且这种方式让员工有机会在参与调查后参加会议，享受参与带来的好处	费时，而且如果引导不当会酿成冲突

除评估概念培训外，还有必要评估技术培训成功与否。这种评估可通过以下方式完成：审查监控单、观察员工在新岗位上的表现，以及推出需要考试的计算机系统培训。

技术培训的各种评估方法的利弊参见表3。

表3　　　　　　　　　　　　技术培训活动的评估

活动的类型	利	弊
审查监控单	提供量化数据，体现员工对新系统或流程的掌握程度。如果监控单上的数量在变革实施后平稳减少，则是一种好的征兆	量化数据不明确，因为它未考虑到那些不使用支持计划的员工
观察员工在新岗位上的表现	对员工与变革互动情况的一种直接评估，这是一种可直接付之于行动的反馈	观察结果很难量化，而且如果观察的数据要达到代表性样本标准，需要耗费更多时间
需要考试的计算机系统培训	无须考虑员工是否采纳新系统，便可得到量化数据	比起对员工的实时观察，不够直接，而且解析结果比较费时，可能无法获得直接评估结果

如果概念或技术培训的评估成果低于预期水准，则需继续推进培训工作，项目也无法被标注为完成。如果团队没有足够的投入和充分的培训，那么即使已经完成技术活动，项目也仍仅处于"进行中"的状态。

十四、结　束　语

将高效的组织变革管理与明确的项目管理方法相匹配，可以提高项目成功的概率。只注重技术和流程提升的项目和只注重人为因素的项目一样，都有很高的失败风险。一个项目的技术方案虽然完美，如果忽略人为反应，也会存在失败的风险。

根据所在项目中所扮演的角色类型，可以采取以下措施提高项目的成功率：

（1）如果是领导者，则让直接下属参与进来，务必向所有受领导的员工发送公告函并告知项目的益处；

（2）如果是某一领域的专家，则应在培训初期就参与进来，确保新系统和流程满足所在团队的要求，并利用自身影响力和技能来培训其他受影响的受众，让他们融入其中；

（3）如果身兼多重角色，如处于领导者和专家之间，则应明确个人职责，并认识到正确运用组织变革管理方法并配合成熟的项目管理方法，可以有效减少人为因素和技术疏忽导致的项目失败风险。

公告所展示的正是一种可以配合标准项目管理的组织变革管理方法论。利用文中所述工具，可以鼓舞员工士气，让他们在一个不断变化的环境中贡献自己的力量。

参 考 文 献

Carol Kinsey Goman, "The Biggest Mistakes in Managing Change," *Innovative Leader*, December 2000, pp. 500 – 506.

Doug Laney, "3D Data Management: Controlling Data Volume, Velocity, and Variety," *Application Delivery Strategies*, META Group, February 6, 2001.

Elisabeth Kubler-Ross, *On Death and Dying: What the Dying Have to Teach Doctors, Nurses, Clergy and Their Own Families*, Taylor & Francis, 2009.

Fenella Scott, and Jim Shepherd, "The Steady Stream of ERP Investments," *AMR Research*, 2002.

Huigang Liang, Nilesh Saraf, Qing Hu, and Yajiong Xueet, "Assimilation of Enterprise Systems: The Effect of Institutional Pressures and the Mediating Role of Top Management," *Management Information Systems Quarterly*, 2007, pp. 59 – 87.

Information Systems Audit and Control Association (ISACA), "COBIT 5: A Business Framework for the Governance and Management of Enterprise IT," 2012.

James Manyika, Michael Chui, Brad Brown, Jacques Bughin, Richard Dobbs, Charles Roxburgh, and Angela Hung Byers, "Big Data: The Next Frontier for Innovation, Competition, and Productivity," *McKinsey Report*, 2011.

John S. Reel, "Critical Success Factors in Software Projects," *IEEE Software*, May 1999, pp. 18 – 23.

Mary C. Jones, and Randall Young, "ERP Usage in Practice: An Empirical Investigation," *Information Resources Management Journal*, 2006, pp. 23 – 42.

Maximilian Von Zedtwitz, "Organizational Learning through Post-project Reviews in R&D," *R&D Management*, June 2002, pp. 255 – 268.

Michael Chatfield, *A History of Accounting Thought*, RE Krieger Publishing Company, 1977.

Paul Barth, and Randy Bean, "Who's Really Using Big Data?" HBR Blog Network, *Harvard Business Review*, September 12, 2012.

Paul M. Muchinsky, "Emotions in the Workplace: The Neglect of Organizational Behavior," *Journal of Organizational Behavior*, November 2000, pp. 801 – 805.

Quy Nguyen Huy, "Emotional Capability, Emotional Intelligence, and Radical Change," *Academy of Management Review*, April 1999, pp. 325–345.

William R. King, "Ensuring ERP Implementation Success," *Information Systems Management*, Summer 2005, pp. 83–84.

附件　模板和检查清单

模板1　通过计划

日期	频率	目的	受众	媒介	发送人	责任/状态

模板2　文化评估调查

回答以下关于企业组织文化现状的问题，以0~10的打分标准进行打分，0代表缺少该特征，10代表该特征极为明显。

- 贵公司文化的创新性如何？
- 贵公司承受风险的能力如何？
- 您认为贵公司的文化是否给人"家"的感觉？
- 贵公司文化中的行政管理系统/领导风格有多传统？
- 您如何评价自己对公司内工作稳定性的自信程度？
- 您如何评价公司内的职业道德？

现在重新回答这六个问题，这一次请您思考，如果我们的组织文化在理想的状况下运作，您会如何回答这些问题？您无须更改所有答案，但如果今日现状与您理想中的组织文化相去甚远，请务必适当更改答案。

模板3　公告函

在此，我们欣喜地向您介绍我们的新项目——[项目名称]。我们计划于[月/日]开始项目工作，并于[年份/季度]完成该项目。该项目的目标是[说明问题或催生此项目的商机]。此次项目不涉及[如果需要列出一些不在项目范围内的事务，以免大家有错误的期待，则务必在此列出]。项目旨在提升[列出项目的益处，例如，用户与 SAP FSCM 互动、响应时间、报告可读性、营销与会计部门之间遭遇的瓶颈等]。如您有任何问题，请与以下人员联系：[姓名，以及至少两种联系方式，例如电子邮件和电话号码]。

模板4　受众评估

#	受众	受众成员统计人数	地点	偏好沟通媒介	关键影响人	抗拒程度	其他备注
Ex. 1	文员	50	企业内部	电子邮件	上级领导	中度	（链接至分发表）
Ex. 2	生产线员工	200	约47个全国分点	• 传单——贴在休息室和寄至家中 • 拓展培训手册	Sharon（堪萨斯城的生产线工人）	高	使用电脑的机会很少

模板5　工作影响分析

受众	现有流程	变革实施后流程	变革类型（系统与流程）

模板6　培训方案

受众名称：

模块#	变革主题	方法	日期	地点	备注
Ex. 1	概念培训：介绍变革	由讲师教授，在教室内进行	2015年1月15日	企业内	通过电子邮件方式发送CBT，为下节课做好准备
Ex. 2	概念培训：介绍新系统	混合型	在2015年1月22日的会议（讲师主导型会议）之前完成CBT准备	办公室或企业内	

评论

管理会计与企业组织变革管理
——评《组织运营变革与变革管理》

郭永清

组织变革管理在管理会计研究和实践中经常被忽略。组织变革管理是企业实施管理会计工具、方法和技术非常重要的基础,如果在管理会计实施中忽略组织变革管理,就算在技术层面设计得非常完善,也可能导致整体工作的失败。甚至可以说,没有组织变革管理,就没有管理会计的成功实施。因此,本篇公告聚焦于运营变革中的组织变革管理,为企业如何成功实施管理会计提供了一个有效的指南。

条理清晰的组织变革管理方案,有助于识别和减少新系统或新流程实施所带来的问题及风险。公告探讨了人们对变革的认识和反应,尤其关注新系统实施时,个体对工作环境变革的一般反应及其原因所在,以及当出现消极反应时应如何缓解不利影响。这些发生变革时常见的情绪反应阶段,是与一个典型项目管理所包含的阶段相联系的。公告详述了各业务领域相关的组织变革管理方法及其如何运用于管理会计工作,还介绍了组织变革管理过程的一些可实操的方法和工具,这些工具可立即应用于实际工作场景中。最后,公告列举了变革成果的评估方法。

笔者结合公告内容,对管理会计与企业组织变革管理提出一些观点和看法。笔者认为,当前业财融合成为管理会计发展的趋势,通过组织变革管理,管理会计师才能成功融入业务;与管理会计相关的组织变革管理,包括管理会计与企业整体组织结构的关系、管理会计与企业财务部门组织结构的关系以及管理会计与跨部门职能团队的关系三个方面的内容。我们相信,本篇公告将有助于上述观点在实践中成为现实。

一、通过企业组织变革管理融入业务

任何管理会计的研究和实践,若不首先探讨企业管理要执行的任务,就是对管理会计存在错误看法。这类观点没有把管理会计看成达成目标的手段，未能理解管理会计只存在于对绩效的思考当中。很多管理会计书籍从管理会计自身开始探讨问题，从而让管理会计成为一门只讨论技术、工具和方法的学科，也让管理会计在企业实践中被束之高阁。我们的一个基本观点是：管理会计遵从企业管理需要，不理解企业的使命、目标、战略和任务，管理会计工作也就无法富有成效。

企业管理的对象是为了实现企业目标和战略、由全体员工所实施的各类活动，我们把这些活动称之为业务。

企业高层通常会要求财务部门和会计师加强财务管理，严格财务审核和监督，可是，财务管理的内容是什么呢？很多公司加强财务管理的结果变成了会计管出纳、出纳管会计。仔细思考，我们就会发现，虽然一个公司的资金收支经过财务部门之手，但是相对于整个公司来说，真正受到财务部门影响的收入和支出可以忽略不计，钱都是其他部门的支出或收入。也就是说，财务管理要管好的不是财务部门，而是要管理好所有部门的业务。

因此，管理会计要发挥作用，必须融入企业的各项业务中，实现财务和业务的有机融合。

财务部门为什么在有些企业和单位会饱受诟病，并造成自身和业务部门的矛盾？要讨论这个问题，我们首先要明确一点：财务部门和业务部门的共同目标是为企业创造价值。只有这一点明确了，才具备解决问题的基础，离开这一点，两者就没有解决问题的基础，只能是公说公有理、婆说婆有理。

按照经典理论，一个企业确定战略和目标后，层层分解到不同的部门和组成单元，问题也由此产生了：分解后的部门目标可能与企业战略初衷不一致，用诗意的语言来说就是"走着走着，我们已经忘记了我们当初为什么要出发"。这样就造成了部门目标与企业整体目标的偏离，比如财务部门为了合规而合规、为了制度而制度，没有考虑合规和制度到底是为了什么；技术研发部门为了技术而技术、为了研发而研发，没有考虑技术和研发到底是为了什么；销售部门为了销售而销售，不考虑资金回收的可能性、速度、对企业资金的影响；等等。因此，企业管理的核心，就是要时刻把所有部门、所有人都拧成一股绳，围绕着企业创造价值这个目标。"不忘初心，方得始终"。因此，解决财务部门和业务部门矛盾的过程，就是将财务部门和业务部门拧成一股绳的过程。

二、企业组织变革管理的具体内容

管理会计的应用，需要企业组织结构的支持。从这个意义上来说，管理会计是公司的工作职责。优秀公司的董事长和总经理一定是优秀的管理会计师——如果让这些董事长和总经理到商学院讲授管理会计课程，必定引人入胜并卓有实效——可惜的是，从投入产出角度看，董事长和总经理的薪酬远远高于教授的薪酬，因此鲜有董事长和总经理愿意到学校任教。

管理会计对企业组织结构的影响包括两个层面：一是企业整体组织结构；二是财务部门组织结构。而要保证管理会计的有效运用，必须建立跨职能团队。

（一）管理会计对企业整体组织结构的影响

如果读者想要深入理解管理会计对企业整体组织结构的影响，笔者建议不妨认真阅读艾尔弗雷德·斯隆所著的《我在通用汽车的岁月》。

斯隆在汽车行业有50多年的管理经验，不仅被誉为20世纪最伟大的企业家，是职业经理人的榜样，对管理理论的发展也做出了伟大贡献。他对企业的组织结构、计划和战略、持续成长、财务成长以及领导的职能作用的研究，对职业经理人概念和职能的首创，都对现代管理理论的形成和发展产生了极大的影响。

《我在通用汽车的岁月》一书虽然没有明确提出管理会计及其实践，但将近一半内容都在论述与管理会计相关的内容，包括如何解决通用汽车的财务控制、财务成长、稀缺资源和资金的分配问题，可以说，该书前半部分内容就是通用汽车在20世纪前期的管理会计实践史。斯隆认为"财务不可能在真空中存在，必须与运营结合起来"，实在是超越了其所处时代，颇有先见之明。

通用汽车为了解决管理中的财务问题和业务问题，在公司层面设立了两大委员会：执行委员会和财务委员会。从通用汽车当时的组织结构图可以看出，不管整个公司怎么发展和变化，董事会下设的这两个最重要的委员会一直没变，执行委员会管理业务，财务委员会管理财务，两个委员会之间的委员间或有所重叠，并且能够保持高效、顺畅地沟通和合作，业务和财务之间实现有机地融合。

在董事会和高管层下面，通用汽车虽然按照事业部来进行机构设置，但其业务线和财务线一直保持平等地位，以实现两者之间的高效合作。

从业财融合的角度，管理会计的落地必须有相应的公司层面的组织结构予以保证。

（二）管理会计与财务部门组织结构

目前很多公司的财务部门以财务和会计的传统职能为出发点来设置组织结构，一般包括会计、出纳、税务等。为了发挥管理会计职能作用，需要以公司的业务需要为出发点调整财务部门的组织结构。

在业财融合的背景下，财务将借助信息技术更多地参与到业务活动中，我们必须对传统的职能式、矩阵式财务组织形式进行改造，以适应业财融合的需要。企业财务的财务组织形式将分为战略财务、业务财务、绩效管理财务和共享财务。

战略财务是指参与企业未来规划和战略决策、制定企业财务政策的财务管理体系。

业务财务是指财务主动介入业务、业务要配合财务进行实时的业务反馈和信息传递，终端的财务人员参与业务如研发时的目标成本管理、采购时与供应商谈判的价格管理等，从而与业务人员一起提升企业经营的效率和效果，为企业创造更多价值，同时保证前端流程可以更加规范地处理和规划。

绩效管理财务是指财务通过参与公司层面与业务层面的目标设定、运营分析、评价激励等，保证整个公司"利出一孔"。

共享财务就是把分布在各子公司的财务和共性业务集中到共享中心，将一些事务性的财务工作通过信息化进行高效快速处理，从而节约时间和精力，让财务人员参与企业的战略制定，梳理业务流程，为企业创造价值。共享财务益处颇多，首先是信息透明、信息共享；其次是流程规范、流程优化；最后是有利于更好地制定战略决策，支撑集团的战略。

（三） 管理会计实施中的跨职能团队

管理会计对企业组织结构的另一个影响是必须发展跨职能团队。

企业要想获得成功，就必须与客户、供应商、员工、工会、股东甚至竞争者建立合作关系。企业的任何一个职能、单元或部门都无法单独控制最终产品或服务，所以管理复杂系统成为重中之重。传统的组织结构不能迅速做出反应，也不能理解各个流程之间的相互依赖关系，更无法实现预期结果、变化或者改进。

会计师必须学会构建并运用各种跨职能团队。

要为客户及其他利益相关者持续创造价值，企业就必须跨越职能、项目、技术、企业甚至行业的界限，必须最有效地利用企业的资源，尤其是人力资源。跨职能团队是一个由跨正式部门界限和等级的人组成的小群体，这个群体致力于实现共同的发展目标；跨职能团队是一个整体，成员之间经常沟通、彼此合作、相互支持、协调活动、利用和开发团队的技术和能力，且这个整体还考虑团队成员的需要。各种类型的跨职能团队越来越多地致力于研究、设计更好的产品和服务、把产品和服务推向市场、重组业务流程、改善经营、发现和解决问题，以及创造财富。管理会计如果要助力企业实现目标，就应当考虑在跨职能团队中发挥重要作用，比如提供、搜集和评估关键团队信息；帮助确立团队目标，根据轻重缓急安排工作；运用自身在问题解决工具和决策技术方面的技术型、职能型专家经验和专业知识；参与创造性团队问题解决。

三、结束语

上文论述了管理会计和组织变革管理的关系以及具体内容。就本篇公告来说，其为广大企业管理人员尤其是管理会计人员，提供了融入企业管理实施管理会计非常好的视角，并列举了很多实用技术、工具和方法。公告给笔者的管理会计教学和研究提供了很多思路和启示。在此，笔者也建议大家能够认真阅读公告并在实践中身体力行，通过组织变革让管理会计师融入公司业务并为公司创造更多价值。